JN102172

自信を育む 運動あそび

自信を育む体操教室代表理事
福井秀明

東洋館出版社

幼児期に必要な能力とは

いま、幼児期に必要な能力として、「非認知能力」が注目されています。ノーベル経済学賞を受賞したジェームズ・ヘックマンは、子どものなかでも、IQ や読み書きのような「認知能力」よりも、やり抜く力・好奇心・自制心といった「非認知能力」の高い子どものほうが、将来挫折することなく成功する可能性が高いことを発見し、大きな話題となりました。「非認知能力」は、これからの未来を担うすべての子どもたちの心と体の成長に欠かせない能力なのです。

しかし、「非認知能力」は、人生を通じて恒常的に高められるものではありません。人生の最初の数年が、非常に重要な時期に当たります。そのため、幼児期に適切な教育を行うことが、潜在能力の基盤を形成し、「非認知能力」を高めると私たちは捉えています。すなわち、「5歳までのしつけや環境が、人生を決める」ということです。

さて、このような「非認知能力」は、何によって鍛えられるのでしょうか。本書では、「運動あそび」に着目しました。ただし、技能の向上をターゲットするものではありません。「運動あそび」という行為そのものを最適化することに着目しています。いうなれば、運動あそびを通して「挑戦する力」「考える力」「競争する力」「集中する力」「かかわる力」という5つの「非認知能力」の発達を促すことを目指しています。

幼児期は、楽しいことであれば、どんなことにも興味をもつ時期です。よって、全身で「楽しい！」と感じられるようにすることが何より大切です。それが、意欲的な取り組み姿勢を育み、「非認知能力」が高まる土台となります。そのため、子どもたちが「できた」「楽しい」「もっとやりたい」と主体的に取り組んでいけるようにする様々な仕掛けが必要です。

そこで、本書では、日頃より私たちが体操の現場指導で実践している「知的好奇心を高めつつ、さらに飽きさせない様々な取り組み」を紹介します。

運動というと、走る・跳ぶ・投げるといった行為をイメージすることが多いと思いますが、笑う・寄り添う・支えるといった行為もまた、運動能力を駆使して（筋肉を使って）います。こうした何気ない仕草も、すべて運動なのです。

自然と笑顔があふれるような楽しい運動遊びを通じて、子どもたちの将来の自信の核となる「非認知能力」を無理なく身につけていただければ幸いです。

多くの方のお役に立てることを心より願っています。

2020 年 7 月吉日

一般社団法人 小学校受験体操専門 自信を育む体操教室　代表理事　福井秀明

3〜5歳児の 自信を育む 運動あそび

もくじ

非認知能力 挑戦する力

非認知能力 考える力

非認知能力 競走する力

非認知能力 集中する力

非認知能力 かかわる力

非認知能力がぐんぐん伸びる

挑戦する力

非認知能力 挑戦する力

腕振りペットボトル走

アイテム ペットボトル　対象年齢 4歳

走る

あそび方

❶かけっこをするときの腕の振り方を身につけるあそびです。
❷ペットボトルの重さを感じながら腕を振ることで、肩甲骨を意識した正しい腕振りが身につきます。

動きのポイント

❶ペットボトルのキャップを後ろにして真ん中をもちます。
❷肘を後ろに引き、下に伸ばさないように腕振りを行います。
❸数を数えながらみんなで一緒に振りましょう。

ここに注意！

子どもの手に収まるような小さなペットボトルがよいでしょう。

1 ペットボトルのキャップを後ろにして真ん中を持とう。

2 肘は伸ばさないように腕を振ろう。

非認知能力 挑戦する力

手拍子グー・パー

アイテム マット　対象年齢 4歳

跳ぶ

あそび方

❶その場で拍手をしながら、足の形はグーパーにしてジャンプします。
❷慣れてきたら、前方にジャンプすることで、少しずつ前にも進んでいきます。

動きのポイント

足の形のグー・パーと手を叩く拍手の動作が違うので、意識の分散力を鍛えられます。「足はグー・パーで、手はパチパチだよ」と言いながら、まずお手本を見せてあげましょう。

1 さぁ、ジャンプしよう。足はグーパーだよ。

2 手は拍手しよう。

行進ジャンプ

アイテム マット　対象年齢 4歳

あそび方

リズム感や集中力を高められるあそびです。

足踏み行進４回、その場ジャンプ４回を繰り返します。

動きのポイント

「イチ・ニイ・サン・シ！」と声を出しながら足踏み行進を行い、「ゴウ・ロク・シチ・ハチ」と声に出してジャンプを行うことで、動きを区別して取り組むことができます。

慣れてきたら、ジャンプをする際、花火ジャンプをしたりして、バリエーションを増やしましょう。

行進ジャンプ

1 その場で足踏み行進を４回行おう。

2 ジャンプするよ。膝をかがめてー。

3 ジャーンプ！（４回繰り返します）

花火ジャンプ

1 今度は、ひざを抱えてしゃがもう。

2 そこからジャンプしてパーのポーズ。「花火が上がったよ！」

ここに注意！

動きが複雑なので、最初に先生がゆったり大きく動きながらお手本を見せ、「見る力（模倣）」を高めるようにしましょう。ひととおり覚えたら、「せーの！」のかけ声で一斉に行うようにします。

非認知能力 挑戦する力

ニンジャ着地

アイテム ペーパー　対象年齢 4歳

❶かかとをつけない正しい跳躍の方法を学べるあそびです。「かかとと床ちゃんの間には新聞紙が 1 枚あると思って、それを踏まないようにね」などと声をかけ、つま先で着地できるようにします。

❷「ドンドンすると、下の人に怒られるぞー。ニンジャのように音を立てずに着地するよ」と声をかけ、静かに着地できるようにします。

❶幼児は筋力的に重力に逆らって上に跳ぶ力が弱く、また脊柱起立筋が湾曲しているため、普段から後ろ体重となります。そのため、多くの子どもは地球に引っ張られるように跳び、かかとで着地します。そうならないよう、正しいイメージをもてる工夫を凝らすことが大切です。

❷声をかけたり、手拍子をしてあげたり、太鼓を鳴らしてあげたりして、子どもがリズムにのって動けるように手助けしましょう。

ここに注意！

かかとで着地する癖がついてしまうと、床の反発力を使えない分、後ろ体重となり将来膝を痛める原因ともなります。跳躍系の縄跳びでは、着地と同時に膝のバネを使って伸び上がるため、つま先から着地することで、連続跳びににつなげることができるようになります。幼児期に正しい跳躍方法の基礎を養うことができます。

1 かかとと床ちゃんの間には新聞紙が 1 枚あるよ。踏まないように構えて、ジャーンプ！

2 ニンジャのように、つまさきから、音を立てずに着地しよう。

1秒1回グー・ジャンプ

跳ぶ

アイテム 輪投げの輪　対象年齢 4歳

あそび方

跳び箱を跳ぶ動作、バレーボールのアタックする動作などの基本となる踏切の動きが身につくあそびです。

❶小さなフープやテープで丸や×印をつくってあげて、2～3mほどの距離から走り込んで跳び込みます。

❷跳び込んだ瞬間に膝をしっかり曲げ、グーでジャンプします。回数は1回とします。

動きのポイント

❶ジャンプする際、足の形がチョキになると前後に、パーになると左右に力が分散します。しっかりグーでジャンプをします。

❷フープのなかに踏み込んだ際、1秒間力を貯めることでしっかりとしたジャンプをすることができます。

❸「膝のクッションくんを入れて、最後はかっこいいポーズで決めよう」と声をかけ、着地する瞬間にしっかり膝を曲げるイメージをもたせ、着地後は3秒間静止します。静止がうまくできない場合には「もも上げジャンプ・トレーニングになるよ」と声をかけてみましょう。

ここに注意！

❶踏切時にフープの手前で片足で踏み切れるよう、片足をあげるようにします。うまくできない場合には、「先生の後ろについておいで」と声をかけて、動きを真似させます。

❷踏み切ったあとに動いてしまうと、着地のイメージをもつことができません。着地の際には、力を吸収するように膝をまげて止まれるように声をかけます。

1 走ってフープに跳び込み、膝をグッとまげよう。

2 グー・ジャンプで跳んだら、膝の「クッションくん」を入れてピタリと直地！

非認知能力 挑戦する力

足替えケンケン

対象年齢 4歳

あそび方

その場で足踏みをするようにケンケンを４回行います。５回目の着地で軸足を替えます。

このあそびは、左右のバランスを均等に鍛えることに役立ちます。

「イチ・ニイ・サン・シ」と数をかぞえながら行うことで、リズム感も養えます。

動きのポイント

❶腕の振りをしっかり意識します。
❷手と足を連動させながら体全体を使うようにします。

1 右膝にグッと力を込めて、その場で右足の4回ケンケン！

2 ためた力を空中に開放しよう。左足で、４回ケンケン！

非認知能力 挑戦する力

忍法・ニンジャ回り

対象年齢 4歳

あそび方

子どもは忍者というワードが大好きです。
❶片足立ちになり、上げているほうの足首を手で掴み、もう一方の手を伸ばしてバランスを取ります。
❷ケンケンしながらその場で回ります。
❸１周したら足をもち替えて、再びケンケンしながら回ります。

動きのポイント

足首をもっていないほうの肘を曲げて上下に振りながら回ると、バランスがとりやすくなります。

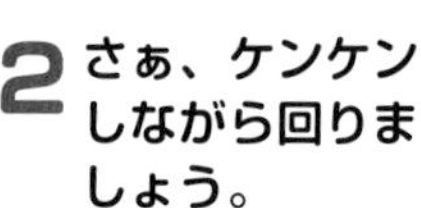

1 左足をあげて足首をもち、右手を高く上げよう。

2 さぁ、ケンケンしながら回りましょう。

非認知能力 挑戦する力

ぎったん・ばっこん

アイテム マット　対象年齢 4歳

あそび方

腹直筋に刺激を与えながら、お腹に力を入れる意識づけができるあそびです。

❶両足を垂直にあげて東京タワーをつくります。

❷先生に押されてタワーが下がったら、お腹に力を入れて両足をもとの高さに戻します。この動きを繰り返します。

動きのポイント

足は床にはつけないように踏んばることで腹筋がつきます。

お友達と一緒に行ったり、先生の足を子どもに押させてたりしても楽しいでしょう。

「東京タワーが倒れるぞー、早く元に戻してー」などと言いながら、子どもたちのやる気を引き出しましょう。

ここに注意！

なかには、うまくお腹に力を入れられない子がいます。その場合には、軽くおへその下を指で押しながら、「ここに力をいれるんだよと」を声をかけます。実際に触れて力の入れどころを感じられるようにしましょう。

非認知能力 挑戦する力

消防士さんトレーニング

止まる

アイテム 椅子　対象年齢 5歳

あそび方

❶２つの椅子に両手をつき、両肘をピンと伸ばして足を上げて空中に浮きます。
❷視線は前を向き、脇・足を「グッ」と閉じてじっとします。先生がストップウォッチを見せて、「20 秒までがんばろう！」などと声をかけてあげると、集中力が持続します。

1 両手を椅子において肘をピンと伸ばすよ。さぁ、前を見ながら足をあげよう。

動きのポイント

「今日は消防士さんのトレーニングだよ！」などと声をかけると、その気になってくれます。日々成長する体の変化を体感しやすい支持系の運動に挑戦することで、上肢の筋力アップに役立てることができます。

非認知能力 挑戦する力

ブリッジ・スカイツリー

止まる

アイテム カラーコーン／マット　対象年齢 5歳

あそび方

❶仰向けに寝っ転がり足を開いてゾウさんの耳をつくります。
❷ゾウさんの耳から床にぺたんとスタンプを貼り、肘を伸ばしておへそを天井に突きあげます。
❸お腹の上に三角コーンを乗せたら、ブリッジ・スカイツリーの完成！

1 スカイツリーが完成したよ。

動きのポイント

❶カラーコーンをお腹の上に乗せる際には、「お腹を平らにするとスカイツリーになるよ」と声をかけます。
❷ブリッジが苦手な子どもの場合には、先生が子どものお腹を手や足ではさんで支えてあげるとよいでしょう。

ここに注意！

腕に気を取られると、足が浮いてしまいます。「腕くん・足くんに半分半分の力をのせてあげようね」と声をかけましょう。

よりかかり腕立て伏せ

止まる

アイテム 壁／マット　対象年齢 5歳

あそび方

❶足を閉じ、両手を前に伸ばして準備をします。
❷壁に倒れ突く寸前にピンと力を込めて止まります。
❸肘を曲げて腕立て伏せを３～５回行います。
❹最後は壁をグッと押してもとの姿勢に戻ります。戻る動作は、日常生活にはないので、子どもたちはその感覚を楽しむことができます。

動きのポイント

❶寄りかかるときのスリルがちょっとしたドキドキを生み、飽きさせません。壁から少し離れて、両手を前に出して足を閉じて準備をしましょう。
❷床に線を引き、そこから出ないようにすれば、斜めのアライメント（姿勢）を保つことができます。慣れてきたら少し線を遠くにずらすことでより負荷がかかり難易度をあげることができます。

1 両手をピンと伸ばすよ。

2 さぁ、勇気を出して、壁によりかかろう。

ここに注意！

前に倒れる瞬間に躊躇してしまうと壁に顔をぶつけてしまうことがあります。最初は壁にマットを立てかけたり、先生が傍についたりして常にサポートするようにしましょう。

非認知能力 挑戦する力

サイにになって突進

対象年齢 3歳

走る

あそび方

❶大人が子どもの両肩をつかみます。子どもはサイになって前へ突進するようにして先生を押します。かけっこの動きにつながります。
❷押すときには、頭の角を前にして、地面をしっかり蹴るようにします。

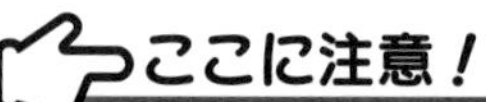
ここに注意！

「負けないぞ」と言って押し返してみたり、「これはすごい力だ」と言って大げさに押される振りをしたりしながら、楽しく行いましょう。

1 さぁ、サイになって突進するよ。押して、押して！

非認知能力 挑戦する力

東京タワーから床ちゃんタッチ

アイテム マット　対象年齢 3歳

縮まる

あそび方

❶足を上に上げ、東京タワーをつくります。
❷足を頭の上の床に向かって倒します。
❸つま先で床ちゃんにタッチします。

動きのポイント

❶両足を高く上げることで腹筋が鍛えられます。
❷床にタッチすることで、身体の柔軟性が高まります。

1 つま先を上にピンと伸ばして足をあげよう。ほら、東京タワーだよ。

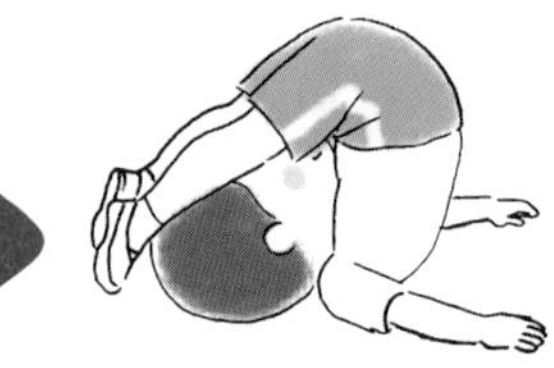

2 しっかり床ちゃんにタッチできたかな？

ここに注意！

床にタッチできなくても、できるところまで伸ばせれば OK です。

ゾウさんの耳で床ちゃんタッチ

アイテム マット　対象年齢 5歳

あそび方

後転時に後ろに倒れてスムーズに掌を突くためのあそびです。後転に必要な「後ろに倒れる感覚」と「手を逆手にして突く感覚」を同時に養うことができます。

❶両手でゾウさんの耳の形をつくり、お椅子に座るように中腰になります。

❷そこから勇気を振り絞ってお尻から後ろに倒れ、ゾウさんの耳のスタンプ(手のひら)を床にぺたんとつけます。

❸両足の反動を使って、元の形に戻る動作を繰り返します。

1 頭の横にゾウさんの耳をつくろう。

2 お尻→スタンプ→頭の順番で床ちゃんにスタンプを貼ろう。

動きのポイント

お尻→スタンプ→頭の順番でできるようにすると、ケガをすることなく行えます。

3 両足を上へ振り上げ、反動でもとに戻ろう。

ここに注意！

後頭部をぶつけてしまうとケガの原因となります。はじめのうちは、後転して頭が床につく位置に枕を置くような感じで先生が手の平を置いてあげるといったサポートをするとよいでしょう。

4 最初のポーズに戻り、次の準備をしよう。

非認知能力 挑戦する力

開脚立ちからピラミッド

アイテム マット　対象年齢 5歳

あそび方

腕の支持力・脚力・柔軟性が高まるあそびです。開脚前転の立ち上がりの動作も身につきます。

❶床にお尻をつけて力をためます。
❷両手を頭上に上げて、勢いよくバンッと手のひらを床につきます。
❸その両手に体重を乗せ、体を起こします。
❹足を開いたまま立ち上がり、体を起こしてポーズ！ピラミッドの完成です。

1 床にお尻をつけて力をためよう。

動きのポイント

自分の肩幅よりも広い位置に手のひらをついてしまうと、体を持ち上げようとした際に支えることができません。肩幅の位置の真下になるように手を突きましょう。また、自分の身体から前方に離れた位置に手をつくと体を持ち上げることができないので、自分の体の近くでつくようにします。

2 「跳ね返りくん」の力を使って、体の近くにバンッと手を突こう。

3 頭を前にして、両手にのって起き上がろう！世界一のピラミッドの完成！

ここに注意！

床に手をつく際、そっとだと体を起こせません。「『跳ね返りくん』の力で床ちゃんからパワーをもらおう」と声をかけましょう。
床に手を突いた姿勢の際、頭が後ろに反っていると、力が入らず最後の立ち上がりができません。「体のなかで一番重い頭を前にして、頭の重みで起き上がろう」と声をかけましょう。

ワニさんの腕伸ばし

アイテム マット　対象年齢 5歳

あそび方

❶両手をマットについてうつ伏せになります。
❷両腕を伸ばして、身体を持ちあげます。
❸この動きを５回繰り返します。

動きのポイント

❶遊びながら腕立て伏せにつながるあそびです。両手をついてうつ伏せになり、肘を伸ばしたり曲げたりすることで、腕が鍛えられます。
❷両手が常に肩の下にくるようにしましょう。

ここに注意！

筋力のない子には「ワニさんの腕伸ばし～」と先生と一緒に声を出しながら楽しく行うようにしましょう。

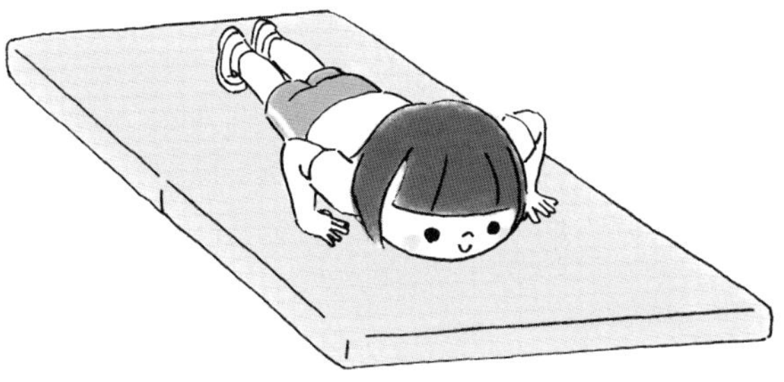

1 ワニさんの腕伸ばしだよ。しっかりうつ伏せになろう。

2 さぁ、がんばってワニさんの体をもちあげるぞ。

非認知能力 挑戦する力

前にくるりん

アイテム マット　対象年齢 4歳

あそび方

❶お尻をあげて、手をつく準備をします。
❷両手をついて、お腹の中に頭を潜り込ませ、お尻の絵を見るようにします。
❸くるんと回ります。
❹かかとをお尻の下に隠すように起き上がります。
❺両手をアンパンマンのように前に突きだし、立ち上がります。

動きのポイント

❶先生が指で子どものお尻に絵をかくふりをして、「なんの絵かな、見てみて」と言うと、子どもは絵を見ようとして背中が丸まり、でんぐり返しをしやすくなります。
❷子どもが前転をする瞬間、マットをもち上げて、風で押されるように、推進力を上げてあげると、回転力が高まり、よいイメージをもてます。
❸立ち上がる際に、足をのばして長座になってしまうと起き上がれません。「かかとをお尻の下に隠すよ」と言って、ひざを曲げる意識をもたせましょう。

ここに注意！

❶正しく頭の後ろをマットにくっつけられるよう、「おでこ・てっぺん・頭の後ろ、どこをマットにつけるのかな」と言いながら、先生が見本を見せ、自分で考えさせるのも効果的です。
❷幼児は後ろ体重になりやすいので、「両手をアンパンマンのように前に突き出すんだよ」と言って大げさに見せると、立ち上がりやすくなります。

前からくるりんボールキャッチ

アイテム ボール／マット　対象年齢 5歳

あそび方

❶手をついてお尻をあげ、頭の後ろをマットにつけます。
❷くるっと前転をします。
❸素早く起き上がり、両手で構えます。
❹投げられたボールをつかみます。

動きのポイント

❶前転時に自力で素早く起き上がるあそびです。
❷起き上がる際､両手を「アンパンマン」のようにつき出すと、前に体重がかかり､はやく起き上がることができます。
❸「3 秒数えるまでに立ち上がらないと、ボール爆弾が飛んでくるよ」などと声をかけると、子どもはよりいっそうはやく立ち上がろうとします。

ここに注意！

固いボールだと危ないので、やわらかいボールで行いましょう。

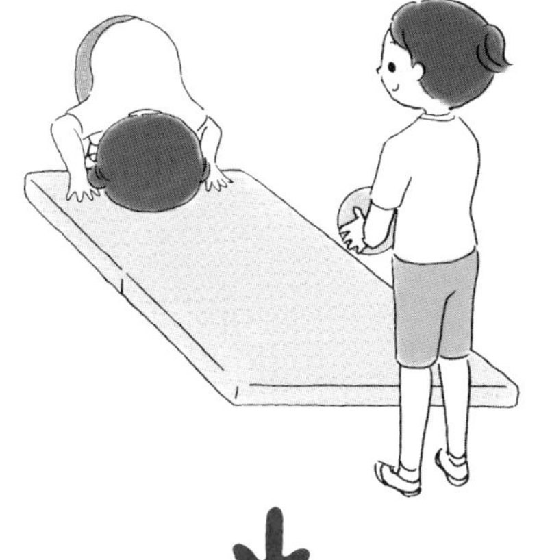

1 さぁ、前にくるりん。

2 しっかりかまえて〜。

3 キャッチ！

お手玉はさみいれ

アイテム 玉／カゴ／マット　対象年齢 5歳

あそび方

❶両足でお手玉を挟みます。
❷耳の横でゾウの耳をつくり、お椅子スクワットの姿勢になります。
❸ゾウの耳スタンプで床につけて、後ろに倒れ込みます。
❹頭の上の床にタッチするようにして、お手玉を挟んでいる足を箱に近づけます。
❺お手玉を箱に入れます。

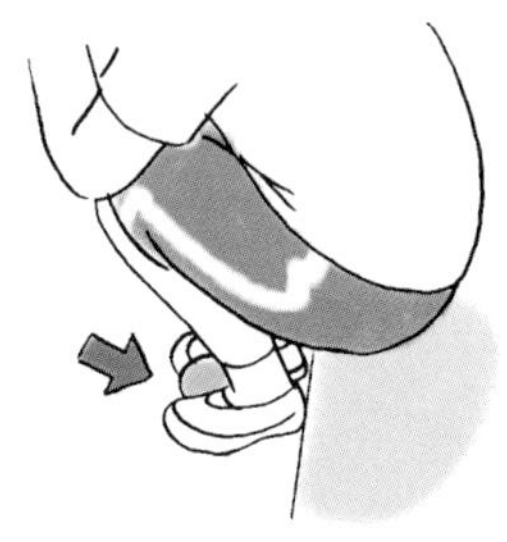

1 お手玉を足ではさむよ。

動きのポイント

❶両足でお手玉を挟む動作、両手で耳の横でゾウの耳をつくる動作、お椅子スクワットの姿勢をつくる動作、ゾウの耳スタンプの動作を一つ一つ確認しながらできるようにします。
❷後ろに倒れ込んだ後は、お手玉を挟んでいる足を、床にタッチするようにして箱に入れるようにします。後転に結びつく逆さ感覚を遊びながら身につけることができます。

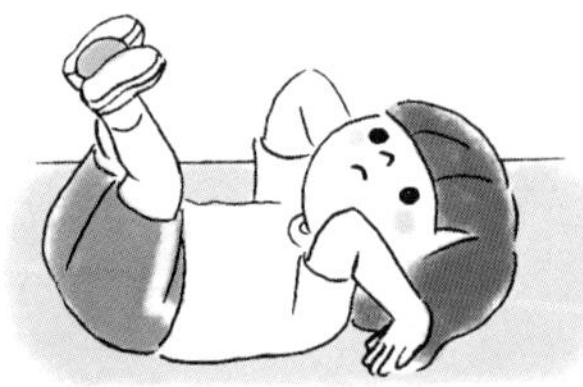

2 ゾウの耳スタンプだよ。後ろに倒れよう。

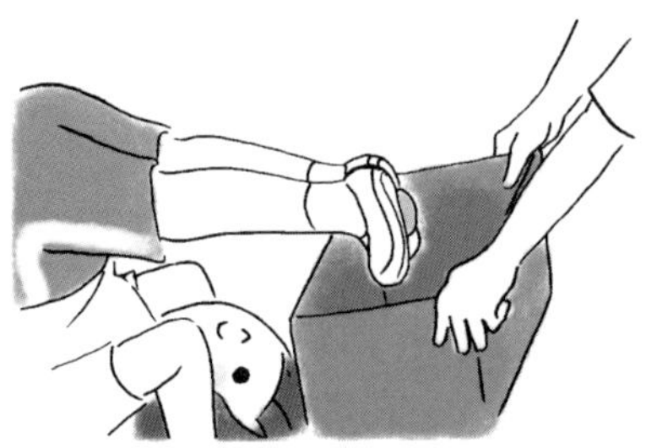

3 くるっと回ったら箱にお手玉を入れよう。

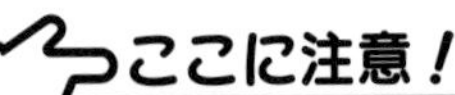

ここに注意！

❶箱は、足の上ではなくて斜め後ろになるような位置で構えましょう。
❷後ろに倒れ込むのが苦手の子どもの場合には、後頭部をぶつけてしまわないよう頭の後ろに手を差し入れて、補助しましょう。

まねっこ逆立ち

アイテム マット　対象年齢 5歳

あそび方

❶両手を上に振り上げます。
❷両手を体の真下につきます。
❸足を上に振り上げます。
❹両手を突き放し、ふわっと床に降ります。

動きのポイント

逆立ちの入りと終わりの感覚がつかめるあそびです。

❶両手を上に振り上げ、片方の足を上げ、肘を「ピン」と伸ばしながら、マットに手をつきます。
❷逆立ちをするように足を上に上げ、両手でマットを押して戻ります。

1 両手を高く振り上げよう。

2 背中から倒れないよう気をつけよう。

3 ゆっくりふわっと降りよう。

ここに注意！

❶両手をつくとき、遠くについてしまうと、体を起こせません。真下につけるよう、テープなどで目印をつけてあげましょう。
❷先生が子どもの背中の前に手を出して、倒れないようサポートしましょう。
❸勢いよく着地すると足を痛める原因となります。「やわらかいプリンの床に降りるようにね」と声をかけて、ふわっと降りるようにしましょう。

非認知能力 挑戦する力

片足バランス必殺おもしろポーズ集

対象年齢 4歳

あそび方

片足バランスの状態から、様々なポーズをとり、バランス感覚を養うあそびです。

1 両手を広げ、片足で立ってみよう。

2 右手を折り曲げて、左手を高くつき出し「へーんしん！」

3 最後は、右手は頭の上、左手はあごの下に置いて、「お猿さんだよ、ウッキキィ！」

ここに注意！

子どもはポージングが大好きです。楽しくなりすぎて、おふざけにならないよう、まずはしっかりと片足バランスの姿勢をつくってから一つ一つのポーズにチャレンジしていきます。

バリエーションのポイント

❶片足立ちから目をつむります。そうするだけで、バランスを保つことがむずかしくなります。

❷「10秒数えてみよう」と声をかけて静止します。楽しみながら平衡感覚が養われます。

動きのポイント

❶頭を真っすぐにします。

❷両腕は肩よりも少し上にピンと伸ばします。

❸足の親指と小指で床ちゃんをしっかり押さえて固定します。

1 片足立ちしたら目を閉じるよ。「イチ・ニ・サン…」

非認知能力 挑戦する力

飛行機バランスの極意

対象年齢 5歳

止まる

あそび方

平衡感覚を養うのに飛行機バランスは最適です。おでこと足と右手・左手がそれぞれ遠くに引っ張られるようなイメージでバランスを取るようにします。

❶両手を左右に伸ばして片足立ちし、バランスをとります。

❷次に、体を前面に傾けて飛行機のポーズに変形します。

❸今度は、両手をグーにして前につき出してアンパンマンのポーズ。

❹次は、カッコよくウルトラマンのポーズ。

❺最後は、片方の足を持ち上げ、斜め上にピンと綺麗に伸ばして美しいバレリーナの完成。

1 両手を広げて、ピンと真っすぐ立とう。

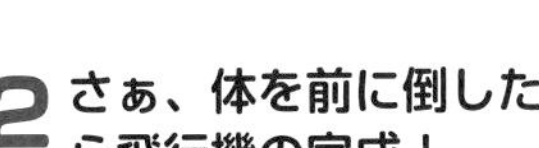

2 さぁ、体を前に倒したら飛行機の完成！

3 今度は、両手をグーにして前に突き出してみよう。アンパンマンだ！

4 両手をパーにして、右手でひじの下を触ってごらん！ウルトラマンが光線を撃っているよ。ビビビビビィ！

5 最後は、手と足をピンと伸ばして、バレリーナだよ。

動きのポイント

❶軸足はピンと伸ばすことで土台がしっかりします。目線は常に前を向いて、おでこ・両手・足のすべてに意識をもって引っ張り合うようにします。

❷バランスが安定したら、ピタッと止まって、10秒数えるまでバランスを保つようにします。

ここに注意！

子どもにとっていずれも苦しい姿勢です。飽きさせないようにいろいろなポーズをさせてあげるのがコツ。自分の好きなものになれたら、楽しく挑戦する力がつきます。

非認知能力 挑戦する力

子ガニ歩き

歩く

アイテム 平均台　対象年齢 4歳

あそび方

小さなカニさんのポーズをとって平均台を横に進むあそびです。

❶両手をピースにして、がに股のポーズをします。

❷片足を広げたら、その足でもう一方の足を引き寄せるようにして進みます。

動きのポイント

❶進むときには、ももにぐっと力を込めます。

❷「カニッ、カニッ」と言いながらリズムをとりましょう。

❸スクワットの姿勢で進むため、太ももの力も鍛えられます。

1 さぁ、子ガニになって横に進もう。

非認知能力 挑戦する力

イチ、ニのサンで大縄ダッシュくぐり

走る

アイテム 長縄　対象年齢 4歳

あそび方

❶大縄より 1 メートルほど離れたところに立ちます。

❷イチ、ニのサンで走ってタイミングよく大縄をくぐります。

動きのポイント

❶回ってきた縄が床に当たってイチ、もう一回当たってニ、もう一回当たるサンの瞬間で走り出すようにしましょう。

❷大縄をくぐった先にコーンを置いておいて「ココがゴールだよ」と言っておくと、くぐった後に立ち止まらず走り抜けられるようになります。

1 さぁ、大縄をくぐるよ！イチ、ニのサン！

大縄ジャンプ

アイテム 長縄　対象年齢 4歳

跳ぶ

あそび方

❶両手を引いて膝を曲げ、かかとを上げます。
❷縄が顔の横に来たら、跳びましょう。
❸つま先で着地し、次のジャンプの準備をします。

動きのポイント

❶慣れていない子は、上に跳び上がるのを怖がり、縄の動く横に向かって跳んでしまい縄に引っかかります。そこで、床にテープで印をつけ「そこから離れないように上に跳ぼう」「先生の手が動いて縄が顔の横に来たら跳ぼう」などと声をかけるとよいでしょう。
❷慣れてきたら自分で跳んだ数を数えたり、お友達と一緒に跳んだりしても楽しいです。

ここに注意！

大縄跳びが苦手な子は、自分のタイミングがわかりません。「いまのは速かった？　遅かった？」と声をかけ、自分の動きがどうなっているのかを考えさせるとよいでしょう。

1 縄が顔の横に来たら跳ぶんだよ。

2 さぁ、ジャンプ！大成功。

縄回し

アイテム 縄　対象年齢 5歳

あそび方

縄跳びは、腕を回す動作とジャンプとの方向が上下逆さになるため、言葉で説明するだけではうまくできるようになりません。そこで、最初は跳ばずに縄を回すあそびをしながら腕の動きをつかめるようにします。

❶縄を２本揃えてもち、体の前で丸を描く扇風機のように回します（扇風機回し）。
❷縄を頭の上で丸を描くヘリコプターのように回します（ヘリコプター回し）。
❸縄をお腹の横で丸を書くように回して、タイヤのように回します（タイヤ回し）。
❹縄を両手でもち、前後交互に回します。

動きのポイント

前腕を前に折りたたんで縄を回していると、前へ進みながら跳ぶ癖がついてしまいます。これは、子どもは、縄を回す際にひじをうしろに引く感覚が弱いことが原因です。そこで、先生が子どもの後ろに立ち、子どものひじを軽くもってうしろに引いてあげることで感覚的に動作を覚えられるようにします。

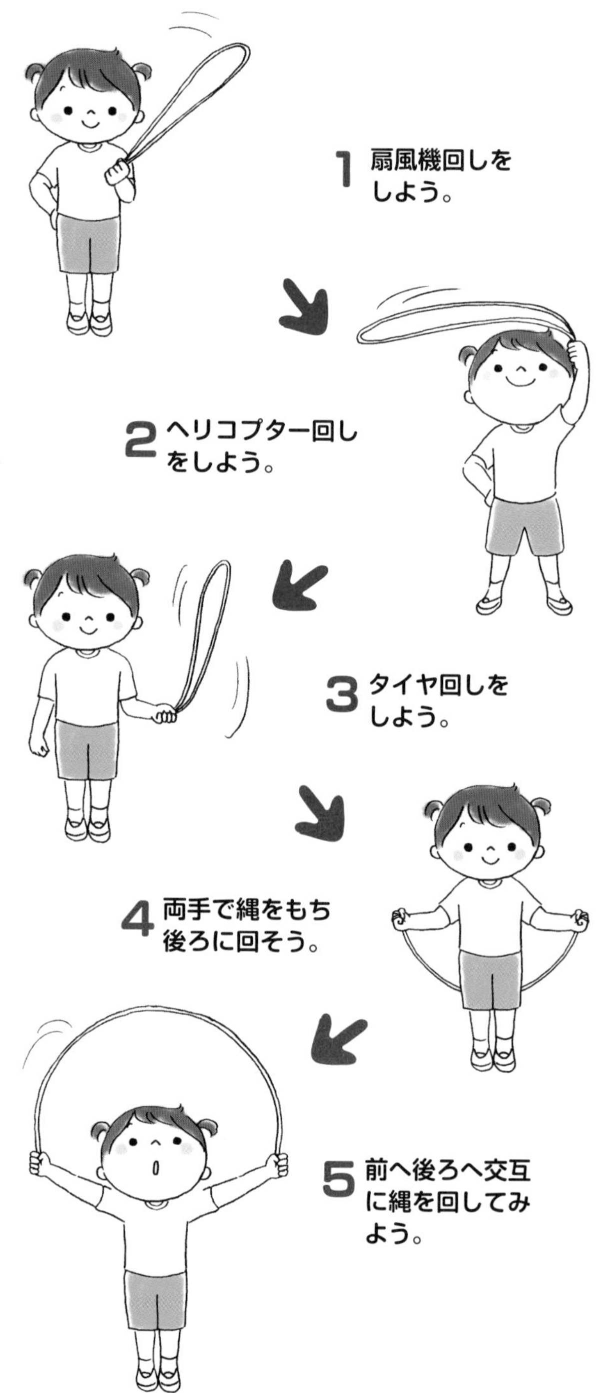

うしろ跳び

アイテム 縄　対象年齢 5歳

あそび方

❶両足の前に縄をたらして準備の体勢。手の平は上を向けます。
❷頭の上へ大きく振り上げます。
❸背中のところに縄の気配を感じたらジャンプします。
❹最後は両足の前へ手首をグッと出します。

動きのポイント

❶先に、縄を大きく振り上げるという動作を練習します。
❷跳ぶタイミングは、「縄が背中の後ろにきた」と感じた瞬間です。
❸跳んだ瞬間に、縄を回す動作をやめてしまうことがあります。そのようなときには、「ジャンプしたら、シャベルで土を掘るように回すんだよ」と声をかけます。

ここに注意！

腕を振り下ろすだけでは縄が足の前まできません。最後に腕を前に押し出す動きが必要になります。この動きが苦手な子がいたら、先生が後ろから、腕をもち、前にぐっと押し出して補助しましょう。

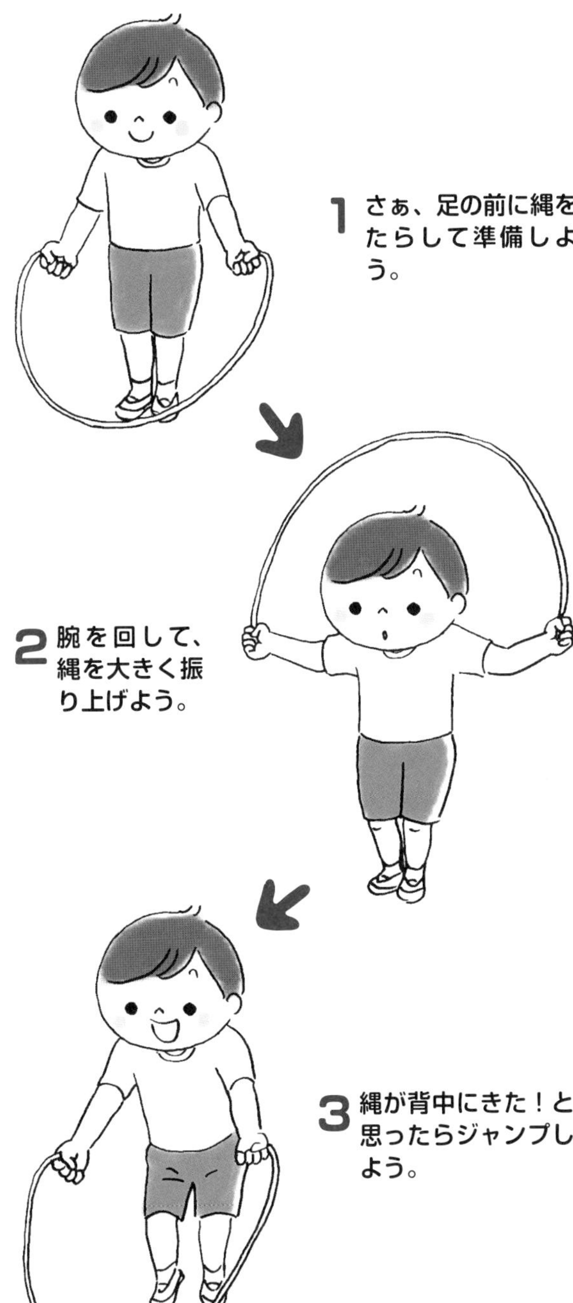

ボールつき ～基本の動き～

アイテム ボール　対象年齢 4歳

あそび方

❶ボールを両手でもち、床にバウンドをさせてキャッチします。
❷次は片手つきに挑戦です。持ち方を利き手を上、もう片方の手を下にしてから、下の手をパッと放して、片手でついてみましょう。
❸人数、ボールの数を考慮してグループ分けをすることで、待ちながらお友達の動きを見る力を養い、「自分も早くやってみたい」とうずうずしてきて、集中力の高まりも期待できます。

動きのポイント

❶リズム感はひざの動きから生み出されます。先生はひざの曲げ伸ばしを大げさに行いながら、子どもに体全体を使うお手本を見せましょう。
❷「ボールの頭をいい子いい子してなでてみよう。あれっ手が真ん丸になっちゃた」と言って、手のひらではなく指の力を使ってボールを押す動作を体感させます。合言葉は、「おててば真ん丸！」。
❸押したボールは必ず自分の手のひらに戻ってくるイメージが大切。夏祭りの水風船をイメージさせるとよいでしょう。正しいイメージをもてれば、自分でも工夫しながらやってみたくなります。

ここに注意！

ボールを上からつぶしすぎてしまい、跳ね返る力を失ってしまうとボールつきは続けて行えません。そこで「ボールくんが押しつぶされて可哀そうだよ（涙）」、「ボールくんが跳ね返りたいときに自分も上に伸び上がってあげよう！」などと声をかけると、ボールの動きに合わせられるようになります。

1 手のひらをアーチ型にします。

2 ボールの球面に吸いつかせるように指先でロックするように持ちます。

3 ボールに愛着がもてるようになでなでします。（手のひらがアーチ状をキープできるように）

「ボールは友達！」叩かないで押してあげてね

よそ見していると、先生がボールを取っちゃうぞー！

非認知能力 挑戦する力

［バリエーション］

いろいろなボールつき

アイテム ボール　対象年齢 5歳

バリエーションのポイント

バリエーションの練習に取り組むことで、集中力の持続と対応力の習得に役立ちます。

❶ケンケンボールつき

自然と片足のバランス強化に役立ちます。数を決めて数えながら左右交互に行いましょう。例えばイチ・ニィ・サン（右足）→イチ・ニィ・サン（左足）

❷スキップボールつき

軽やかに上に跳ね上がり、重心移動を使いながらボールをついてみましょう。スキップの動作につられて自然とついた後にフォロースルー（余韻）が上方向へ発生するようになります。

❸体育座り・正座・寝ながらボールつき

指先でボールを押す感覚を養うためには様々な体勢で行うことが必要になってきます。

「お母さんの包丁裁きのように優しく速く、細かくトントントントントン！とついてみよう」などと声をかけてみましょう。

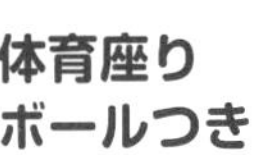

おもしろちょい足し

❶ボールの苦手な子には、「忍法二人場織り」などと言って先生が子どものうしろにおおいかぶさり、腕をもって一緒にボールつきを行います。最初のうちは、一緒にやってもらえることが嬉しい子どもも、次第に恥ずかしくなるので、「一人でやる！」と言ってくるはず。

❷集中していない子がいたら、先生が横からすっとボールを横取りをして「よそ見してると、ボールを取っちゃうぞー！」と声をかけてみます。すると、みんなボールを取られたくないから、より集中します。ちょっとした変化を加えることで、子どもは飽きずにボールつきを楽しみます。

非認知能力 挑戦する力

左右ボールつき

アイテム ボール　対象年齢 4歳

あそび方

❶利き手でボールをつきます。
❷床から跳ね上がってきたら、今度は反対の手でつきます。
❸❶と❷を交互に行います。

動きのポイント

左右の均等な神経の指示伝達能力が高まるあそびです。

つくときは、右から左へ、左から右へと斜め下に渡すようにつくようにします。

慣れてきたら、右・右・左・左または、右・右・右・左・左・左など、バリエーションを増やしましょう。

ここに注意！

運動の優位性により、利き手ばかりになりやすいので、「交互につこう」と積極的に声をかけましょう。

1 まずは右手からつこう。

2 ボールが跳ね返ってきたら左手の準備。

3 さぁ、次は左手でつこう。

非認知能力 挑戦する力

回転ボールつきキャッチ

アイテム **ボール** 対象年齢 **5歳**

あそび方

❶ボールを高々と持ち上げてバウンドさせます。
❷ボールがバウンドしている間に、体を一回転させます。
❸最後に、ボールをキャッチします。

動きのポイント

❶ボールが高く跳ね上がるように勢いよくバウンドさせるようにしましょう。
❷回転をしているときは、回転力があがるよう、腕と足を「キュッ」と閉じましょう。
❸ボールをワンバウンドで取れた子は、今度はノーバウンドで取ってみましょう。

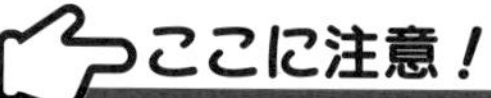

しっかりキャッチできるように、ボールは足の近くにまっすぐバウンドさせるように声をかけましょう。

1 ボールを持ち上げよう。

2 足の近くをめがけてバウンドさせよう。

3 さぁ、くるっと回るよ。

4 上手にキャッチできたかな。

非認知能力 挑戦する力

ボールまたぎつき

アイテム ボール　対象年齢 5歳

あそび方

ボールつきをしながら、足を振り上げてボールをまたぐあそびです。

❶ボールをつきます。
❷足をボールの上に振り上げて通します。
❸次のボールつきにつなげます。

動きのポイント

「イチ、ニのサン」のかけ声の「サン」でボールが下にいった瞬間に、足をボールの上に振り上げるとよいでしょう。

ここに注意！

股関節が固く、足をうまく上に回せない子は、先生が後ろから足をもって回す補助をします。三角コーンを使ってその上に足を通す練習をするのもよいでしょう。

非認知能力 挑戦する力

Vの字バランス足キャッチ

アイテム ボール　対象年齢 5歳

あそび方

❶Vの字バランスでボールを足ではさみます。ボールがしっかりバウンドするよう、はさんだボールを胸の高さまで上げます。
❷はさんだボールを床に落とし、跳ね返ってきたボールを足でキャッチします。

非認知能力 挑戦する力

ドンキック

蹴る

アイテム ボール／ボールネット　対象年齢 5歳

あそび方

子どもの足の少し上あたりにボールがくるようにして、「ドン」と踏みこんで片足ずつ交互に蹴り上げるあそびです。逆上がりのための足の蹴り上げにつながります。

動きのポイント

慣れてきたら実際に鉄棒を握るような姿勢から、サッカーボールを蹴ってみましょう。蹴る際は、足をチョキの形にします。

ここに注意！

蹴り上げる際、後ろにひっくり返っても大丈夫なようにマットを敷きましょう。大人が片手で背中を支えて行うのもよいでしょう。

1 さぁ、どんと蹴り上げよう。

非認知能力 挑戦する力

ブタの丸焼きからチンパンジー

操る

アイテム 鉄棒／マット　対象年齢 5歳

あそび方

片手で自分の体を引き上げたり、支えたりすることで、腕の懸垂力が高まるあそびです。

❶鉄棒を両外側から掴み、鉄棒の上に足を引き上げて両足をバッテンに引っかけます（ブタの丸焼き）。
❷安定してきたら片手を離してチンパンジーのピースに挑戦です。

動きのポイント

ブタの丸焼きのとき、うまく足が上がらない子には先生が下から持ちあげて、サポートしましょう。

1 勇気を出して片手を離したら、「チンパンジーのピース」

非認知能力 挑戦する力

カメレオンから魔女のほうき

アイテム 鉄棒／マット　対象年齢 4歳

あそび方

❶鉄棒にしがみつくようにして、カメレオンのように乗ります。

❷❶の体勢から体を起こして、魔女のほうきのように乗ります。

1 最初は、カメレオンになるよ。

2 体をおこしたら、ほうきに乗った魔女さんだ。

非認知能力 挑戦する力

斜めけんすい

アイテム 鉄棒／マット　対象年齢 5歳

あそび方

❶両手で鉄棒をしっかり持ったら、足を伸ばして斜めの姿勢になります。斜めの姿勢が崩れると、体が上がりません。子どもには「背中をピンと伸ばそう」と伝えましょう。

❷肘を曲げる力で、鉄棒に顔を近づけます。

❸肘を伸ばして最初の姿勢に戻り、この動作を繰り返します（年少５回・年中８回・年長10回が目安）。

1 鉄棒を握ったら、前に足を伸ばそう。

2 ひじを曲げる力で、鉄棒に体を引き寄せよう。

ひっぱるくんの力でリンゴぶら下がり

アイテム 鉄棒／マット　対象年齢 5歳

あそび方

❶両手で鉄棒をしっかり握ったら、膝を曲げてしゃがみます。
❷肘をぐっと上に引き、体をもちあげます。
❸鉄棒の上にりんごのような顔を出せたら、ぶら下がったまま足をグー・チョキ・パーにします。

動きのポイント

鉄棒をつかむ際は、逆手・順手どちらでもかまいません。

1 鉄棒をしっかり握ろう。

2 さぁ、ひっぱるくんの力で体を持ち上げるよ。

3 次は、足でチョキだよ。

4 最後は、パー

ここに注意！

❶腕の力ではなく体幹の力でないと体を持ち上げられません。「脇を閉じる」「あごを引く」「内ももを閉じる」の３つを意識するようにします。
❷最初は動作ごとに足を下ろして、「ひっぱるくんの力」を意識するようにします。慣れてきたら、足をつけないで連続して行ってみましょう。

ドンける・ひっぱる

アイテム マット　対象年齢 4歳

あそび方

逆上がりにつながるあそびです。

❶先生が背中から手を回して、子どもの両足の膝下に手をかけます。

❷子どもは大人の首に手をかけて、服をつかみ、足をチョキにします。

❸「イチ、二の、ドンける・ひっぱる」の合言葉で両足を上に振り上げてジャンプします。

❹先生は子どものお尻の下に手を入れ、持ち上げた後、ゆっくり下ろします。

動きのポイント

逆さ感覚が身につくあそびです。両足の振り上げを覚えましょう。

ここに注意！

両足を振り上げた後、子どもは無防備になるので、先生がしっかりと支えましょう。

1 ジャンプの準備はいいかな？

2 イチ、二の、ドンける・ひっぱる。

非認知能力 挑戦する力

ツバメから自転車こぎ

アイテム 鉄棒／マット　対象年齢 5歳

あそび方

❶鉄棒をもってジャンプをし、ツバメのように体を伸ばして静止します。
❷ツバメの姿勢から、足を前後に動かします（自転車こぎ）。

動きのポイント

鉄棒の上で静止した後は、両ひじを「ピン！」と伸ばし、脇はのりをくっつけるよう締めるようにします。

1 ツバメの姿勢になろう。

2 ツバメの姿勢から、自転車こぎ！

バリエーションのポイント

❶ツバメの姿勢になって、体を折りたたみます。
❷両手を離してお布団干しの姿勢。
❸再び鉄棒を握って前回りで降ります。

1 ツバメの姿勢になろう。

2 体を前に回して折りたたむよ（そこから両手を離してお布団干し）。

3 さぁ、最後はくるっと回って着地。

ここに注意！

子どもは頭が重いので、頭から落ちないよう、先生がいつでも足を押さえられるように準備しておきます。

非認知能力 **挑戦する力**

先生のおひざで逆上がり

アイテム **鉄棒**　対象年齢 **5歳**

あそび方

子どもにとって、逆上がりは憧れの大技です。成功すれば、自分の成長を感じることができます。

❶片ひざをついた先生のももの上に子どもを座らせます。
❷揃えた両足をグッと上に持ち上げながら、鉄棒の上に体を折り曲げるようにします。
❸最後はくるっと回ってツバメの姿勢になります。

動きのポイント

❶鉄棒を握る手は、順手・逆手のどちらでもかまいません。
❷両足を揃えて「東京タワー」をつくり、「床ちゃんタッチ」をするように、お腹の力で両足を持ち上げるようにします。
❸最後は、巻き戻しツバメの要領でツバメの姿勢になるようにします。

ここに注意！

❶おへそと鉄棒は離れると腰が抜けてしまい、上に向かって足をあげることができません。合言葉は「おへそと鉄棒はピッタンコ！」。
❷また、肘が「のびるくん」になると回れません。肘を引いて「ひっぱるくんの力だよ」と声をかけましょう。

1 今日は特別に先生の膝に座っていいよ。

2 さぁ、大技を繰り出すよ。両足「東京タワー」、そのあと両足で「床ちゃんタッチ」だよ。

跳び箱ひざのりジャンプ

アイテム **跳び箱／マット**　対象年齢 **4歳**

あそび方

❶フープに入って両足を揃えます。
❷１秒１回グー・ジャンプの合言葉で、両手を高く振り上げます。
❸跳び箱に両手をついて腰を上げ、ジャンプします。
❹膝で跳び箱に乗ります。
❺その場から立ち上がり、ジャンプして着地します。

動きのポイント

❶跳び箱に手をつくときには、「バンッ」と音が鳴るくらいに強くします。
❷跳び箱に手をついたら、「はねかえりくん」の力を使って、両ひざを胸に近づけるようにジャンプします。
❸着地の際には、「クッションくん」の力が働くように、膝を曲げて着地します。

ここに注意！

❶その場で両手をつき腰を浮かせる動きを繰り返すと、「はねかえりくん」の力をイメージできるようになります。
お尻の後ろから 15cm ほど高い位置に、先生が手を伸ばし、跳び箱に手をついて腰を浮かせた際、「5回、お尻があたったら交代しよう」と投げかけると、意欲をもって取り組んでくれます。
❷跳び箱に向かってなかなか膝が上がらない子には、その場での垂直ジャンプ（両膝もも上げジャンプ）をすることで、膝を上げる意識づけをすることができます。

1 足を揃えたら、両手を高く上げよう。

2「バンッ」と音が鳴るくらい強く手をつこう。

3「はねかえりくん」の力で跳び箱に乗るよ。

4 膝が乗ったら立ち上がるよ。

5 最後はジャンプして着地！「クッションくん」の力でかっこよく降りよう。

非認知能力 挑戦する力

跳び箱ふみ越し大ジャンプ

アイテム 跳び箱／マット　対象年齢 4歳

あそび方

❶助走します。
❷跳び箱に片足で跳び乗ります。
❸跳び箱に跳び乗った勢いでジャンプします。
❹両手は前へつき出し、両ひざを曲げて着地します。

動きのポイント

跳び箱に片足を乗せたら、できるだけ遠くにジャンプするように声をかけましょう。

ここに注意！

跳び箱に片足を乗せる際、足が跳び箱に引っかかって転んでしまうことがあります。助走する距離やスピードは、その子の力に応じて柔軟に指示を出しましょう。

1 さぁ、勇気を出して踏み切ろう。

2 遠くへジャンプ！

3 「クッションくん」の力が働くように両ひざを曲げて着地しよう。

いろいろな跳び箱ジャンプ

アイテム 跳び箱／マット　対象年齢 5歳

跳ぶ

バリエーションのポイント

❶跳び箱の上に乗り、遠くへジャンプして着地します。
❷跳び箱の上からジャンプしたら、空中の一番高いところで手を叩き、着地します。
❸跳び箱の上からジャンプしたら、今度は体をひねって半回転して着地します。

動きのポイント

❶どのバリエーションの動きでも、空中の一番高いところで行うようにするのがコツです。そのため、ジャンプする際は、両ひざと両ひじをグッと曲げて上方向へ跳ぶようにしましょう。
❷跳び箱の上からジャンプする際に、元気な声で「やあー！」と声に出してジャンプするのもよいでしょう。
❸慣れてきたら、着地後に、自分の好きなヒーローのポーズを決めるようにすると、子どもはとても喜びます。

ここに注意！

❶着地の際に体が後ろに倒れないよう、両腕を前に出して着地するようにしましょう。
❷子どもが着地できそうな位置よりも少し先に線を引いたりコーンを置いたりして、「ここまで元気に跳べたらカッコいいね」と声をかけると、目標をもってあそぶことができます。

1 ひざとひじをグッと曲げて遠くへジャンプ！

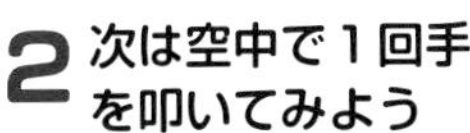

2 次は空中で1回手を叩いてみよう

3 最後は空中でくるっと回ってみよう。うまくできたかな？

非認知能力がぐんぐん伸びる

考える力

動き合わせチャレンジ

アイテム **太鼓**　対象年齢 **5歳**

あそび方

先生の動きをまねながら、さまざまな動きをするあそびです。

動きのポイント①

最初は、ゆっくりとした動作で繰り返します。慣れてきたら、立つ動き、座る動きのスピードを上げていきます。

動きのポイント②

❶最初は、ゆっくりとした動作で行い、少しずつスピードアップします。
❷動きの順番を覚えたら、太鼓の音に合わせて動くようにすると盛り上がります（太鼓１回で両手を頭を触わる、太鼓２回で両手を上に伸ばす、太鼓３回で両手を左右に伸ばすなど）。音やリズムと体の動きを連動させることで、俊敏性だけでなく判断力が培われます。

動きのポイント③

慣れてきたら、子どもたちの後ろから音を鳴らしてみましょう。聞く力を高まりが期待できます。

1 まずは、体育座り！

2 さっと、立ち上がろう。姿勢は気をつけのポーズ

3 さぁ、いろんな動きをしてみるよ。最初はひざに手をつこう。

4 次はお手々を
パチンッ！

5 手をお腹へ。

6 両手を頭の上に
乗せるよ。

7 最後は、
バンザーイ！

1 次は太鼓の音に合わせて
動くよ。
1 回はどんな動きだっ
たかな。

2 次は 2 回だよ。

3 最後は 3 回。
決めポーズ！

指体操バリエーション

対象年齢 4歳

あそび方

❶先生の動きに合わせて、いろいろな指の形に変えていきます。
❷指の形に応じて、表情を変えてみたりします。
❸最初はゆっくり行い、慣れてきたら少しずつスピードアップします。

動きのポイント

指の神経が鍛えられるあそびです。

左右両方を同時にできると、手先が器用になります。

1 最初は手のひらを広げて、パー

2 次はチョキ（その次はグー）

3 今度はキツネ！

4 にっこり笑って OK

5 お口の前で手を交差したら、チョウチョになるよ。

6 今度はこわーい鬼さんだ。

7 右手はグー、左手はパー、これを交互に行おう。

8 今度は右手はチョキ、左手はパー、これを交互に行おう。

非認知能力 考える力

ぶらぶら体操

対象年齢 4歳

操る

あそび方

❶最初は、手足をぶらぶらさせてリラックスします。

❷次に、先生が指示した体の部位を、すばやく両手で触ります。先生も一緒に行います。

❸慣れてきたら、今度は、先生と一緒にいろんなポーズをしてあそびます。

どの部位をどの順番で行ってもかまいませんが、体の部位の上下を行ったり来たりするよりも、上から下へ、または下から上へ流れるように触らせるほうがよいでしょう。体の様々な部位の名前を楽しく覚えることもできます。

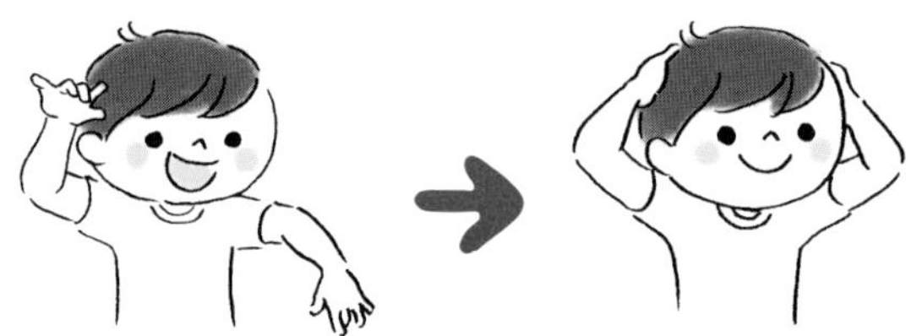

1 手足をぶらぶらさせよう。

2 最初は頭

3 今度は首

4 おなか

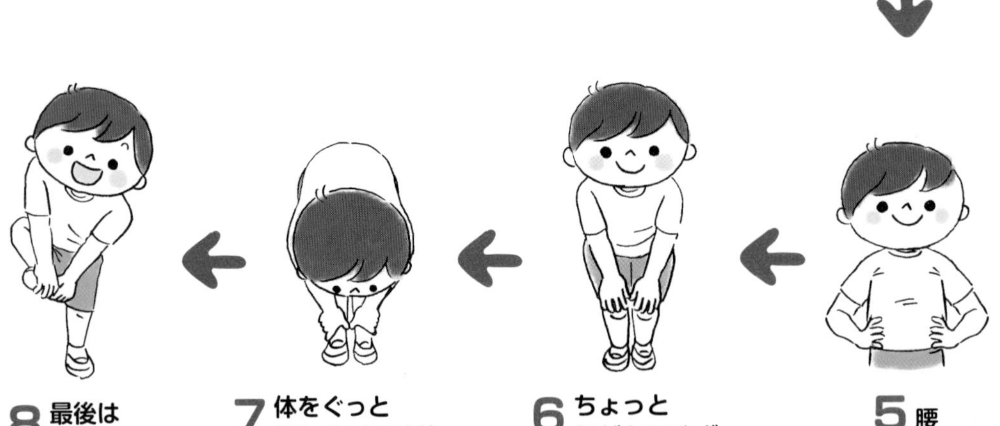

5 腰

6 ちょっとかがんでひざ

7 体をぐっと折り曲げて足首

8 最後は足の裏だよ。

1 スペシウム光線だよ、
ババババッ！

➡バリエーションのポイント

アンパンマンやウルトラマンなど、「みんなの好きな決めのポーズやおもしろいポーズをしよう」と声をかけながら、キャラクターや植物、動物になりきって楽しく行うようにしましょう。

2 きれいなお花に
なってごらん。

3 へーんしんっ！

4 マッチョマンだよ、
ガッツポーズ。

5 こわいクマさんが
おそってきたぞ、
ガォォォ！

6 かわいい
ポーズで。

7 最後は、
自分の好きな
ポーズで、キメ！

非認知能力 考える力
▼対象年齢 4歳

非認知能力 考える力

パー・グー・パー

対象年齢 5歳

あそび方

「模倣の力」が養われるあそびです。

❶先生が両足でパー・グー・パーの形をつくるお手本を見せます。

❷先生の動きに合わせて、両足でパー・グー・パーを行います。

❸パー・グー・パーを繰り返します。

動きのポイント①

❶はじめはゆっくりと「パー・グー・パー」と声をかけ合いながら合わせましょう。

❷慣れてきたら、少しスピードを上げていきます。

動きのポイント②

今度は、表情をつけながら行います。パーのときは、目を大きく見開き、口も大きく開けましょう。グーのときはぎゅっと力を込めて歯を食いしばるようにします。

考えるポイント

❶先生がお手本を見せる際、「むずかしいところが隠れてるよ。どこだろうね？　みんなで考えてみよう」と問いかけ、動きのポイントを子どもに考えさせます（答えは、パーが２回続くところ）。

❷慣れてきたら、「パー・グー・パー、パー・グー・パー、ハンバーグ」などと言って、少しいたずらすると盛り上がります。

ここに注意！

先生との動きがずれたら、いったん止まって、動きを合わせ直しましょう。

1 さぁ、先生の動きに合わせて動いてみよう。

2 最初は、パー！

3 次は、グー！

4 最後は、パー！続けていくよー

5 パーッと大きく目と口を開くよ。

6 ぐっと力を込めよう。

じゃんけん体操

対象年齢 **5歳**

あそび方

グーチョキパーを体で表現し、先生とじゃんけんするあそびです。

❶先生に勝ったら、その場に立っていて、もう一度行います。

❷先生に負けたら、その場にお山座りで座ります。

❷あいこの場合は、折りたたんだマットをの上を冷蔵庫などに見立てて、一回休みましょう。

動きのポイント

❶グーは足を閉じ気味で、ガッツポーズをつくります。

❷チョキは足を前後に開き、両手をつき出してチョキをつくります。

❷パーは両手と両足を大きく左右に開きます。

ここに注意！

後出し、早出しにならないように、「せーの」と声をかけて、同時に行いましょう。

バリエーションのポイント

足と手が逆の動きとなるようにするあそびです。「考える力」が高まります。

足をグーにして手はパー、足をパーにして手はグーを繰り返しましょう。

2 今度は、足をパー、手はグーにするよ。

1 足をグー、手はパーだよ。

ここに注意！

動いているうちにこんがらがってくる子もいます。そのようなときには、いったん動きを止め、「足をグー、手はパーだよ」などと声をかけながら、一つ一つの動作を一緒に確認するようにしましょう。

非認知能力 考える力

ケンケン・ピタッ

対象年齢 4歳

止まる

あそび方

❶片足立ちになり、先生と一緒になって、右に向かって横ケンケンで移動します。
❷はじまで来たら、片足でピタッと止まって５秒数えます。
❸今度は、軸足を変えて、反対方向に移動します。

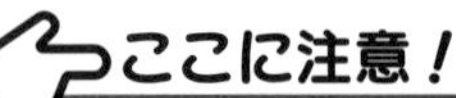

ここに注意！

ケンケンがうまくできない子の場合は、横に跳ぶグー・ジャンプでもかまいません。

2 はじまできたら、両手を左右に伸ばしてピタッ！

1 最初は、右に向かってケンケンするよ。

非認知能力 考える力

だるまさんがころんだケンケン

対象年齢 4歳

止まる

あそび方

❶その場でケンケンをします。
❷先生が「だーるまさんが…ころんだ！」と声をかけたら、両手を広げて片足立ちでピタッと止まります。

動きのポイント

ピタッと止まるときは、足の裏の親指と小指の外側を床にしっかりとくっつけ、足の裏がパタパタ動かないようにしましょう。

2 だーるまさんが…ころんだ！動いている子は、いるかなぁ。

1 その場でケンケンしよう。

ここに注意！

ピタッと止まる動きは、先生がしっかり見本を見せます。先生がフラフラしていると、子どももフラフラします。

ロンドン橋→東京タワー→スカイツリー

アイテム マット　対象年齢 5歳

あそび方

❶床に手をつき、足をまっすぐ伸ばします→「ロンドン橋」
❷❶の姿勢から、ゆっくり大きく足を広げます→「東京タワー」
❸❶の姿勢に戻り、片足を大きく上げて静止します→「スカイツリー」

動きのポイント

❶橋やタワーが崩れないように、背中とひじをピンと伸ばします。
❷両手をつき、足を伸ばした姿勢でキープします。体支持の姿勢で、腕と肩の支持力を高め、さらに指示のとおりに形を変えてみましょう。

ここに注意！

それぞれの形を頭のなかでしっかりイメージしながら動きをつくるようにしましょう。

1 「ロンドン橋」になろう。

2 次は両足を広げて「東京タワー」だよ。

3 最後は右足を大きく上げて「スカイツリー」！

非認知能力 考える力

クモバランス

アイテム **マット**　対象年齢 **5歳**

あそび方

❶仰向けの状態から両手をマットにつき、お尻を上げます。
❷右手と左足を上げて、バランスをとります。
❸いったん❶の姿勢に戻り、今後は左手と右足を上げて、バランスをとります。
❹先生と向かい合い、同じ姿勢になってじゃんけんをします。

1 両手をしっかり床につけてお尻を上げよう。

動きのポイント①

体の中心部が鍛えられる遊びです。

バランスをとるために、両手のひら・両足の裏をしっかりマットにつけます。

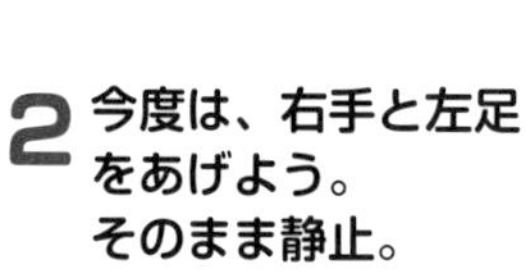

2 今度は、右手と左足をあげよう。そのまま静止。

動きのポイント②

動きに慣れてきたら、じゃんけんをします。先生が先にグー・チョキ・パーのいずれかを出し、先生に勝てるもの（または負けるもの）を考えてから後出しでじゃんけんします。

3 パー！

ここに注意！

❶しっかり体を支えられるよう、床についている手が肩の下になるようにしましょう。
❷おへそが下を向いてしまうと、正しく体幹が鍛えられません。おへそは天井に向けましょう。

4 チョキー！

グー・チョキ・パー・ケンケンで進もう

アイテム マット　対象年齢 4歳

あそび方

❶足と手でグーをつくります。
❷足と手でパーをつくります。
❸両手を頭の上で合わせて伸ばし、ケンケンで進みます。

動きのポイント

最初はその場で足踏みするケンケンを行い、慣れてきたら前に進んでいきます。

1 足を閉じてグー、手をぎゅっとにぎってグー。

2 足を開いてパー、手を広げてパー。

3 手を頭の上で合わせて、その場でケンケン。
慣れてきたら、前に進んでいくよ。

非認知能力 考える力

あちちちフープジャンプ

アイテム 輪投げの輪　対象年齢 4歳

あそび方

❶軽くジャンプして、フープのなかに左足で着地し、すばやくもう一度ジャンプします。
❷今度は右足で着地し、再びジャンプします。
❸❶と❷の動きを素早く繰り返します。

1 さぁ、すばやくジャンプ。早くしないと、足の裏が焦げちゃうぞ、あちち。

動きのポイント

❶素早くジャンプを繰り返すようにするには、かかとから着地しないようにします。
❷「足の裏が焦げちゃうぞ、あちち」などと声をかけると、楽しく❶の動きができるようになります。

ここに注意！

着地したときにひざの裏が伸びてしまうとケガにつながるので、常にひざのバネを使うよう意識づけましょう。

非認知能力 考える力

足パッチン・ジャンプ

対象年齢 4歳

あそび方

❶足を広げてひざを曲げ、両手を軽く握って、少し上のほうを見ます。
❷空中にジャンプして、足と足でタッチします。

動きのポイント

空中で音を鳴らすくらいの気持ちで、勢いよく足をタッチさせましょう。

ここに注意！

最初の構えで、足が開きすぎていたり閉じていたりすると、空中で足をタッチできません。肩幅ほどの距離で足を開きましょう。

2 ジャンプしたら、足をパチンッ！

1 さぁ、かまえて。

非認知能力 考える力

チョキチョキ・ジャンプ

対象年齢 4歳

あそび方

❶床にマスキングテープなどで線を引いておきます。
❷足をチョキの形にして、線をまたぎます。
❸上に向かってジャンプし、空中で足を入れ替え、線を踏まないようにして着地します。
❹❷と❸の動きを繰り返します。

動きのポイント

❶線を踏まないようにすることで、垂直にジャンプするイメージをもたせることができます。
❷最初はゆっくり行い、慣れてきたらスピードアップしましょう。

非認知能力 考える力

忍法コマまわり

対象年齢 4歳

あそび方

❶両足と両手を広げて、お腹をひねります。
❷手と足を閉じて、くるっと一回転します。
❸一回転したら、回転を止めます。
❹一回転したら、好きなポーズをします。

動きのポイント

回る瞬間に手と足を閉じると、一本の矢になり、はやく回れます。あらかじめポーズを考えておけば、回転終了と同時にポーズができます。

非認知能力 考える力

必殺半回転ジャンプ

対象年齢 4歳

あそび方

❶両手と両足を開いて体をひねります。
❷上方向にジャンプします。
❸半回転して着地します。

動きのポイント

❶空中では手と足を閉じるようにしましょう。
❷慣れてきたら、一回転ジャンプに挑戦しましょう。

2 クルッと半回転ジャーンプ！

1 さぁ、手と足を開いて体をひねろう。

非認知能力 考える力

じゃがいもころころ

アイテム マット　対象年齢 3歳

あそび方

❶マットの上で、両手と両足を縮めて寝転びます→「ジャガイモ」
❷❶の姿勢のままマットから落ちないように転がります。

動きのポイント

❶マットを畑にたとえて、その上をジャガイモが転がる様子を想像させます。
❷おへそがマットの真ん中を通るように意識するようにします。
❸マットからはみ出そうになったら、真ん中に戻ります。

1 さぁ、手と足をぎゅっと縮めてジャガイモころころだよ。

非認知能力 考える力

まねっこ行進

対象年齢 3歳

歩く

あそび方

模倣の力が高まるあそびです。

❶先生がその場で行進をして見せます。

❷「はじめ」の合図で先生と向きを合わせるように行進します。

先生の動きに合わせて行進しよう。

動きのポイント

先生の上げたほうの腕と足と方向が合い、手と足を連動するように、先生の動きをよく見るよう促しましょう。

非認知能力 考える力

お馬さんギャロップ

対象年齢 4歳

歩く

あそび方

❶両手を腰に当て、右足前・左足後ろで構えます。

❷前の足を追い越さないように一歩進みます。

❸❷の動きを続けます。

❹５歩くらい進んだら足を入れ替えて、今度は左前足で進みます。

動きのポイント

お馬さんの歩く動きを真似することで、リズム感が養われ、スキップにつながるあそびです。

最初のうちは両手を腰に置いて進み、慣れてきたら両手を前に伸ばし、騎手が手綱を操作するようなイメージで進んでみましょう。

1 手は腰、右足を前に突き出そう。

2 右足を上げて、一歩進もう。

3 進んだ分、左足を引き寄せるよ。

非認知能力 考える力

スキップ・バリエーション

対象年齢 4歳

あそび方

❶右足を上げて左手が前、左足と右手が後ろになるように先生が補助します。
❷まず右足で片足ジャンプして床に下ろします。
❸今度は左足で片足ジャンプして床に下ろします。
❹❷と❸の動きを繰り返すようにして進みます。
❺手と足が交互になるように先生が補助します。

動きのポイント

スキップはリズムとバランスの調和が大切です。

手と足を別々に動かせられるように初動の動きを先生がサポートしましょう。

➜バリエーションのポイント

拍手スキップ

❶スキップのリズムに合わせ、楽器のシンバルを鳴らすように拍手しながらスキップします。

❷拍手が小さいと、スキップのリズムが早くなりすぎてしまうので、手を顔より広げて拍手するようにしましょう

前・後ろタッチスキップ

❶慣れてきたら、両手を上・前・後ろなどの順番でタッチするなどして、レベルを上げましょう。「前・後ろ・前・後ろ」と声に出すと、それにつられて体が動きやすくなります。

❷肩の可動域が狭いと、後ろでうまくタッチできないので、まずはその場で手だけ前と後ろでタッチしてみましょう。

❸なかには、自分のお尻をタッチする子もいます。「お尻じゃないよ、後ろだよ」と声をかけましょう。

ここに注意！

バリエーション・スキップは、まずはその場で足を止め、先生の見本に合わせて上半身だけで動いてみてから、スキップにつなげていきましょう。

拍手スキップ

1 さぁ、大きく手を広げて。

2 両手で拍手しながら進むよ。

前・後ろタッチスキップ

1 さぁ、今度は前・後ろタッチスキップだよ。

2 スキップしながら、手を後ろへ運んで〜

3 後ろでパンッ！

ウルトラマン・スキップ

1 両手を合わせて拍手しよう。

2 そのまま頭の上から手を下ろそう。

3 さぁ、必殺技だ！スペシウム光線、バババババッ。

非認知能力 考える力

意地悪なわ跳び

アイテム 長縄　対象年齢 4歳

あそび方

❶ぴょん吉ジャンプの要領でひざをグッと曲げて構えます。
❷長縄が小波（揺らす）だったらその場で待機、大波（一回転回す）だったら跳びます。

動きのポイント

子どもの反応力が高まるあそびです。
❶先生は、小波が来るか、大波が来るかわからないように長縄を動かします。
❷子どもは、長縄の動き、先生の手の動き、目線を見ながら、大波がくるのかを判断して跳びます。

あそびのポイント

❶先生が「おぉなみぃーと見せかけて、やっぱこーなみっ」などと、おもしろおかしくフェイントをかけると、とても盛り上がります。
❷突然、先生が寝たふりをして、急に長縄を動かしたりするのも子どもたちは喜びます。

ここに注意！

かかとから着地してしまうと、次の準備が遅れます。かかとの下にはいつも新聞紙一枚があると思って、それを踏まないように着地しようと声をかけましょう。

1 小波かな、大波かな？

2 大波だー。ジャーンプ！

かけっこ腕ふり

対象年齢 4歳

走る

あそび方

転ばずに真っ直ぐに走る、早く走るためには、上半身が安定的に下半身と連動することが必要です。そのために大切なのが、腕ふりです。上手に腕をふることができれば、かけっこがどんどん好きになります。

てのひらはリラックスしていることが大切です。何かやわらかいもの（卵、お手玉、ゼリー、豆腐、プリンなど）をイメージさせ、それを握るように手の形をつくるようにしましょう。

動きのポイント

ひじを曲げてしっかり引くことによって（肩甲骨を動かすことで）、骨盤の回転が生まれ、足がはやく動くようになります。腕を伸ばしてブランブランと振ると力が分散します。

ここに注意！

腕を伸ばしてブランブランと振る様子と、ひじを曲げてシュシュシュシュシュと振る様子を先生が見せ、どちらがいいか子どもたちに考えさせるとよいでしょう。

1 お手玉を握っているところを想像してみよう。

2 ひじを曲げて両手を後ろに引こう

3 そのまま両手を前に突き出そう。

4 今度は、右手だけ後ろに引いてみるよ。

5 左手を引く勢いで、右手を前に突き出そう。

非認知能力 考える力

ロケットスタートの極意

対象年齢 4歳

走る

あそび方

「かけっこは最初のスタートの５歩で決まる」と言われます。いいスタートを切れるようにするには、①正しい姿勢、②いいイメージをもつことが大切です。

「ロケットが飛び出す動きのポーズ」や「チーターが獲物を狙うときのポーズ」などと言って、はやい動きをイメージさせましょう。

動きのポイント

❶前足の膝が伸びてしまうと、スタート時に動きがブロックされてしまいます。しっかり曲げるようにします。

❷マスキングテープなどで床に線を引き、「線を踏まないようにして、体を前に傾けよう」と声をかけて、前傾姿勢を意識させましょう。

1 足をチョキにし、前の足のひざを曲げます。

2 後ろの足はかかとをつけずにつま先をチョンとマットにつけます。

3 前足と別の手を前に出し、もう片方の手は後ろに引きます。

4 頭の重みで飛び出せるよう、頭は前足の膝より少し前にします。

5 目線は５メートル先を見通すイメージです。

非認知能力 考える力

色指示タッチ走

アイテム カラーコーン　対象年齢 4歳

走る

あそび方

色別にカラーコーンなどを用意します。先生に言われた色の順番で、走りながら３～４個の並んでいるカラーコーンにタッチして戻ってくるあそびです。

❶ロケットスタートの構えになります。
❷走り出したら、カラーコーンの色ごとに順番にタッチします。

指示のポイント

❶先生が指示した色の順番を覚えているか、一度声に出して確認するとよいでしょう。
❷色の指示（赤→黄色→緑）（緑→赤→黄色）（黄色→緑→赤→黄色）など､いろんなバリエーションであそびましょう。

非認知能力 考える力

あべこべ体操

対象年齢 5歳

操る

あそび方

❶右ひじで左ひざをタッチします。
❷左ひじで右ひざをタッチします。
❸右手で左足の裏をタッチします。
❹左手で右足の裏をタッチします。
❺❶～❹を繰り返します。

動きのポイント

左右反対、上下反対の動きを組み合わせるあそびです。倒れないよう、バランスをとって行いましょう。

1 右ひじで左のひざをタッチしよう。

2 右手で左足の裏をタッチしよう。

指示フープジャンプ

アイテム 輪投げの輪／太鼓／笛　対象年齢 5歳

あそび方

先生の色の指示に応じて動きを変えるあそびです。シナプストレーニングにつながります。

❶青色は右ケンケン、赤色は左ケンケン、黄色はフープの外でパーのポーズなどの約束事を決めておきます。

❸❷の約束事にしたがって前に進んでいきます。

指示のポイント

「次、何が出るか、わからないよー」と言って、子どもをわくわくさせましょう。

動きのポイント

「青は右ケンケン」「赤は左ケンケン」などと、実際に声に出しながら動くと、思考と体の動きが連動するようになります。

さぁ、赤色のフープだよ。

1 えっと赤色はケンケンだ！

2 黄色は、大きく手足を広げてパージャンプ！

バリエーションのポイント

太鼓や笛の指示のとおりにジャンプするあそびです。「聴きながら考える力」の高まりを期待できます。

❶太鼓が鳴った数だけ、前へグー・ジャンプします。

❷笛が鳴った数だけ、後ろへグー・ジャンプします。

指示のポイント

❶最初のうちは、太鼓だけで進んでいきます。次は笛だけで後退していきます。

❷慣れてきたら、太鼓と笛を組み合わせます。
〔例〕太鼓２回に笛１回＝前・前・後ろなど

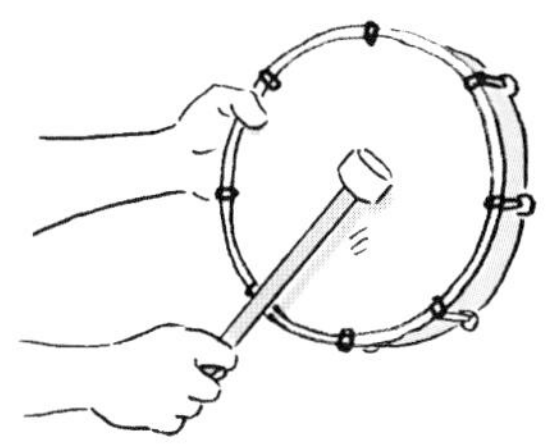

1 太鼓が２回鳴ったら、前に向かって２回グー・ジャンプだよ。

2 笛が１回鳴ったら、後ろに向かって１回グー・ジャンプだよ。

3 太鼓が２回だから前にグージャンプ！

ここに注意！

自分の目と耳を信じて行うことが大切です。間違ってもいいので、隣の子を見ないで行うようにしょう。

スキップフープ

跳ぶ

アイテム 太鼓／輪投げの輪　対象年齢 5歳

あそび方

判断能力が養われるあそびです。

❶三色のフープ（輪投げの輪）をランダムに置きます。

❷音楽が鳴っている間、子どもたちはフープの周りをスキップします。

❸音楽が止まり、太鼓が１回鳴ったら赤色のフープ、太鼓が２回鳴ったら黄色いフープ、太鼓が３回鳴ったら青色のフープに素早く入ります。１つのフープに入れるのは１人です。先生も一緒に行います。

バリエーションのポイント

❶慣れてきたら、フープの数を減らし、入れなかったお友達は、その場でジャンプを３回するなどをします。

❷（とんぼ→赤色フープ）（チョウチョ→青色フープ）（セミ→黄色フープ）など、いろいろな生き物の名前に応じて、入るフープを変えるあそびにすることもできます。楽しく学べるので子どもたちも喜びます。

ここに注意！

スキップの際、フープの上を通ったり踏んだりしないようにします。

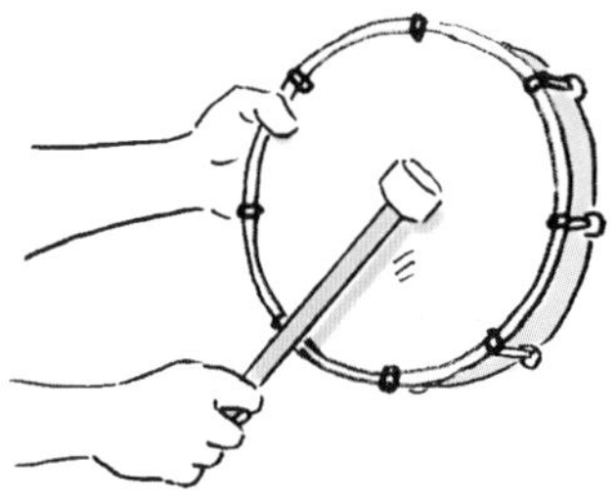

1 太鼓が１回鳴ったよ。

2 １回だから赤色のフープだね。

円周ケンケン

アイテム 太鼓／マーカーコーン　対象年齢 5歳

あそび方

❶マーカーコーンを並べてトラックをつくります。

❷太鼓の指示に応じて歩いたり走ったりします。
太鼓が 1 回鳴ったら行進。
太鼓が 2 回鳴ったら走る。
太鼓が 3 回鳴ったら回れ右に体の向きを変える。

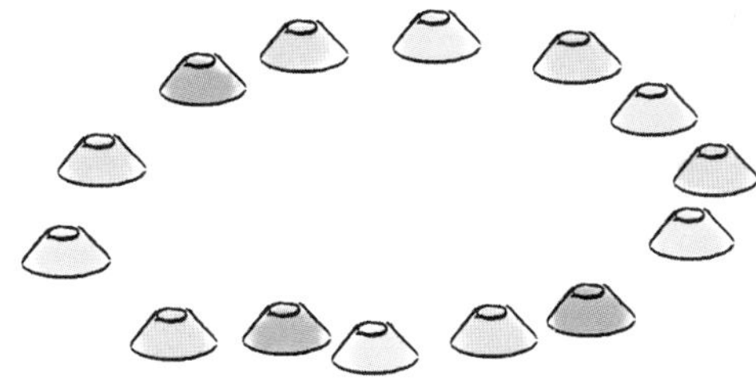

1 マーカーコーンを並べてトラックをつくります。

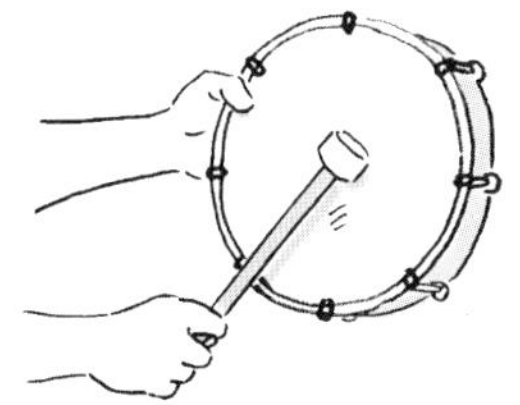

2 太鼓を使って動きの指示を出します。

バリエーションのポイント

太鼓の指示に応じてケンケンして進むあそびです。
太鼓が 1 回鳴ったら軸足を右足に変えてケンケン。
太鼓が 2 回鳴ったら軸足を左足に変えてケンケン。
太鼓が 3 回鳴ったら回れ右に体の向きを変えてケンケン。

3 太鼓が 1 回鳴ったから右足ケンケン。

ここに注意！

❶トラックの中には入らないようにします。

❷2、3 人同時に行うことができますが、ぶつからないように間隔をしっかり空けておきましょう。

非認知能力＞考える力

ボールでお散歩

アイテム ボール　対象年齢 4歳

あそび方

ボールを落とさずに巧みに動かすあそびです。

お腹のまわり、首のまわり、足首のまわり、股の間などを散歩させます。

動きのポイント

次の動きを予測しながら、右手と左手が止まらずに動かせるようにしましょう。

ここに注意！

❶最初のうちは、やわらかいボールを使いましょう。

❷慣れてきたら、固いボールでもチャレンジ！

1 さぁ、ボールを脇に抱えて。お腹のまわりを散歩するよ。

2 次に、首の周りを散歩させよう。

3 次は、股の間。落とさずに散歩できるかな。

非認知能力 考える力

ボールあげパン＆したパン

アイテム ボール／笛　対象年齢 5歳

［あげパン］

❶先生が笛を1回鳴らしたら、ボールを顔より少し上あたりに放り投げます。

❷ボールが空中にある間に素早く1回拍手し、ボールをつかみます。

［したパン］

❶先生が笛を2回鳴らしたら、今度は、ボールをおでこの高さから、真下の床にバウンドさせます。

❷ボールが顔の高さまで跳ね上がったら、ボールの下で1回拍手してつかみます。

❶「あげパン」のとき、目線はボールを上げる顔より少し上に向けましょう。

❷「したパン」のときは、力強くバウンドさせましょう。顔の高さまでボールが上がるまで、手を叩くのを我慢します。

ここに注意！

❶腕が伸びたり、手首を折り曲げたりした状態で放り投げると、ボールが真上に上がりません。ひざの曲げ伸ばしを使って、真っすぐ放り投げられるようにしましょう。

❷「したパン」のとき、ボールを前方に向かってバウンドさせてしまうと、うまくいきません。たとえば、マスキングテープなどで、バウンドさせる位置に印をつけて、それに目がけてボールを叩きつけるようにしましょう。

あげパン

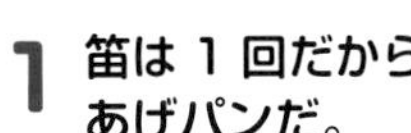

2 素早く手を叩くよ。

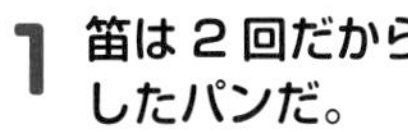

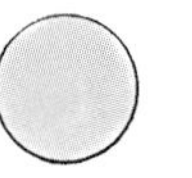

2 ボールが高く上がったら手を叩いてキャッチしよう。

非認知能力 考える力

ラダーあそび

アイテム 縄ばしご　対象年齢 4歳

歩く

あそび方

ラダー（縄ばしご）を床に敷き、その上を踏まないように進みます。定位置能力が培われるあそびです。

❶マスの中に右から足を入れて、右・左・右・左と、一歩ずつ進みます。

❷慣れてきたら、いろいろな歩き方で進みます。

カニ歩き

グージャンプ

ケンケン

1 マス目はグー、2 マス目はパー

動きのポイント

ラダーの四角の枠内に正確に入れるよう、しっかり見ながら行います。

ここに注意！

ラダーは踏むとよれてしまいます。そのようなときは、みんなでラダーの端と端をもって、ピンと伸ばします。ラダーを上手に進む楽しさだけでなく、よれたラダーをみんなで直す楽しさが加わります。

1 右・左・右・左と、一歩ずつ進むよ。

2 今度は、カニ歩きにチャレンジ！

タオルふり

アイテム タオル／ボール　対象年齢 5歳

投げる

あそび方

❶斜め45度上に向かってタオルをふります。
❷動きに慣れてきたら、先生が手に持ったボールにタオルを当てます。

動きのポイント

タオルを持っていない手をボールに向けて目標を定めるようにしましょう。

ここに注意！

子どもが持ちやすいように薄手のタオルを選びましょう。

1 タオルの先を結んで、重りにしよう。

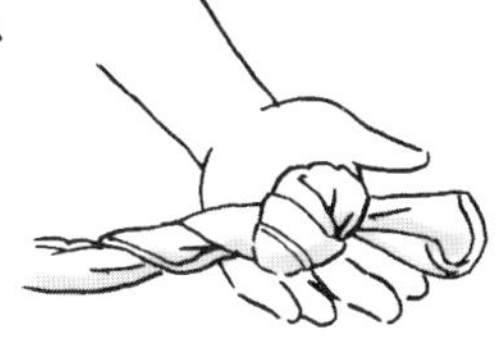

2 タオルをふる構えをしよう。

3 斜め上に向かってしっかりふろう。

4 今度は先生がもっているボールに当てるよ。

的あて

アイテム マット／ボール　対象年齢 5歳

あそび方

お手玉を的に当てるあそびです。
❶足をチョキにして、体をひねります。
❷❶で体をひねる動作に合わせて、お手玉を持った手を後ろに引きます。
❸お手玉を持っていないほうの手は的を示すようにします。

動きのポイント

最初はお手玉を投げずに、素振りで自分の動きや投げるタイミングを確かめさせます。「イチ、二の…サン」の「サン」のタイミングで投げられるようにするために、先生が言葉にしながらお手本を見せるとよいでしょう。

ここに注意！

お手玉を持っていないほうの手が的に向かっていないと大きく外します。「道しるべ」を合言葉に、「道を教えてくれる手を的に向けよう」と声をかけます。

1 しっかり腕を引いてー。
左手は的に向けて伸ばすよ。

2 やったぁ、当たった！

マット島にお手玉着陸

アイテム マット／お手玉　対象年齢 4歳

あそび方

マットを「島」にたとえて、お手玉を投げ入れるあそびです。

点数などをつけると子どもは夢中になって取り組みます。

マットの上に着陸したら2点、マットとマーカーコーンの間の「池」に着陸したら1点、マーカーコーンの外側に跳び出たら0点とします。

3回投げたら点数を計算し、次の子と交代します。

動きのポイント

先生が上投げ・下投げ双方の見本を見せ、「上投げの『ビュン』、下投げの『フワッ』だったら、どちらが島に着陸させやすいかな？」と問いかけて、子どもに考えさせるとよいでしょう。

上手に島に着陸できるかな。

ここに注意！

マスキングテープなどで床に線を引き、線からはみ出ないように投げるようにします。
マットから線までの距離は1～1.2メートルくらいでよいでしょう。

非認知能力 考える力

ペットボトルボーリング

アイテム ボール／ペットボトル　対象年齢 4歳

あそび方

❶ 6本のペットボトルでボーリングのピンに見立てて並べます。
❷ 1～2メートルほど離れたところからボールを転がして遊びます。
❸何本倒れたか、みんなで数えます。

動きのポイント

「転がす」という感覚が養われるあそびです。

真っすぐ転がすには、両手に均等に力を込める必要があります。いきなり投げずに、何度か素振りして自分の動きを確認させましょう。

ここに注意！

なかには、真っすぐ転がせない子どももいます。その場合は、マスキングテープなどでピンと子どもの間に直線を引いてあげて、その上を転がすようにしましょう。

競争する力

非認知能力がぐんぐん伸びる

手つきウサギ

アイテム マット　対象年齢 4歳

あそび方

瞬発力の高まりを期待できるあそびです。

❶四つん這いになり、両手と両足をぐっと伸ばします。

❷両手に重心をかけます。

❸❷の状態から、つま先に力を込めて両足を胸元に引き寄せます。

動きのポイント

❶両手は、できるだけ前方のマットにつくように促しましょう。前方になるほどに、腕の力が鍛えられます。

❷「元気に跳ねるウサギのように進もう」と声をかけると、子どもは喜んで行います。瞬発力だけでなく、跳び箱をつく腕の力も高まります。

1 さぁ、元気に跳ねるウサギのように進もう！

2 ピョン！

ここに注意！

正しい形を表せるように「両手をしっかり床についた状態からピョンだよ！」と声をかけてあげましょう。

大きなウシガエル

アイテム マット　対象年齢 4歳

あそび方

ウシガエルのように進むあそびです。

❶四つん這いになり、両手と両足をぐっと伸ばし、足を左右に開きます。

❷両手に重心をかけます。

❸❷の状態から、つま先に力を込めて両足を前にもってきます。その際、両足は両手よりも前にくるようにします。

❹少し体を起こして、両手を前に出して、❶の姿勢になります。

動きのポイント

❶マットについた手とつま先に力を入れて、一気に足を前に運ぶようにしましょう。

❷跳び箱の開脚跳びの手のつきと足の運びが自然と身につきます。

1 さぁ、両手と両足をしっかり伸ばすよ。

2 足は手よりも前まできたかな？

3 今度は両手を前にして最初の姿勢になるよ。

ここに注意！

必ず一回一回両足を伸ばした姿勢からはじめるようにしましょう。

非認知能力 競争する力

ラッコさん前進

操る

アイテム マット　対象年齢 5歳

あそび方

逆上がりに必要な逆さ感覚を身につけられるあそびです。

❶マットの上で、仰向けになってひざを曲げます。
❷お腹の上にカラーマーカーを乗せます。
❸片足で踏ん張り、体をひねりながらももの力で体を上方に移動させます。その際、お腹のカラーマーカーを落とさないように、バランスをとります。
❹今度は、もう片方の足で踏ん張り、❸と同じようにして進みます。

動きのポイント

❶「ラッコさんになって進むよ。お腹のご飯(貝)を落とさないようにね」と声をかけると、子どもは喜んで行います。
❷お腹に乗せる貝は、カラーマーカーだけでなく、お手玉やより難易度の高いカラーコーンでもよいでしょう。

ここに注意！

「お友達とぶつからないように真っすぐ進もうね」と声をかけてあげましょう。

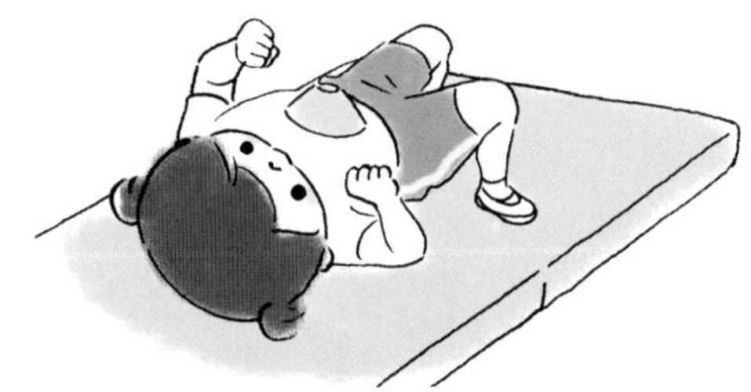

1 さぁ、ラッコさんになる準備はできたかな？

2 ご飯（貝）を落とさないようにしてずりずり進もう！

レスキュー隊参上！

アイテム 長縄　対象年齢 5歳

あそび方

❶マットを敷き、大人が長縄のはしとはしを引っ張って 50cm くらいの高さに長縄を張ります。

❷仰向けになって長縄を両手でつかみ、両足をからませます。

❸背中はマットについたままです。

❹長縄をつかんだ両手を引き寄せるようにして、端から端まで進みます。

動きのポイント

❶両手を同時に引っ張りながら、尺取り虫のように進むようにします。

❷引きつける力の強い子であれば、片手で引き寄せると同時に、もう片方の手を長縄の手をかけ交互に引っぱるようにしてもよいでしょう。両手で引き寄せるよりも速く進むことできます。

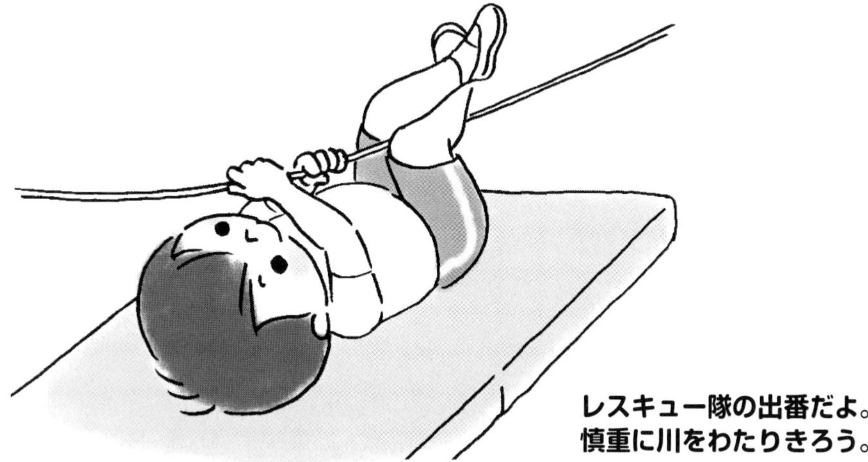

レスキュー隊の出番だよ。
慎重に川をわたりきろう。

ここに注意！

無理に長縄を引っ張って、手をすりむいたりしないように、「川に落ちないよう慎重に進もう」と声をかけて、無理せず少しずつ引き寄せるようにしましょう。

非認知能力 競争する力

キリン歩き

対象年齢 3歳

あそび方

キリンになったつもりでつま先立ちで背伸びをして、手でしっぽと口を表現しながら歩きます。

動きのポイント

つま先立ちで歩くと、ふくらはぎが鍛えられるので、かけっこのときに役立つあそびです。

キリンが高い木の上の葉っぱを食べるような真似をしながら歩いてみましょう。

1 木の実があるよ。手を伸ばそう。

2 食べながらつま先立ちで歩こう。

非認知能力 競争する力

アヒル歩き

対象年齢 3歳

あそび方

ひざを深く曲げて体幹のひねり戻しを意識しながらアヒルのように進みます。

動きのポイント

❶両足は狭くならずに肩幅まで広げましょう。
❷慣れてきたら、後ろアヒル歩きにも挑戦してみましょう。
❸アヒルになり切って鳴き声をだしながら行うと子どもは喜びます。

1 最初は前歩きだよ。

2 今度は後ろに向かって歩こう。

非認知能力 競争する力

アザラシ歩き

アイテム **マット**　対象年齢 **5歳**

歩く

あそび方

❶うつ伏せになり、両手で上半身をもちあげます。
❷両手の力で下半身を引きずりながら歩きます。

動きのポイント

❶アザラシのひれのように両手を脇につけ、足は尾のように伸ばして脱力します。
❷手のひらは横向きにして、指に必要以上の力が加わらないようにしましょう。

1 さぁ、アザラシさんだよ。両手の力で進んでみよう。

非認知能力 競争する力

ワニ歩き

アイテム **マット**　対象年齢 **4歳**

歩く

あそび方

❶四つん這いになり、ひじとひざをマットにつけます。
❷体幹のひねり戻しを使いながら、ひじとひざを起点にして進みます。

動きのポイント

ひざはお腹に近づけるようにし、ひじは前に出すようにして進みましょう。

お腹はあまり浮かせずにマットを擦るようなイメージで行うとよいでしょう。

1 ワニになったつもりで進んでいくよ。

クマ歩き

対象年齢 4歳

あそび方

❶スタートのポーズはかけっこのロケットスタートです。四つん這いから、両手と両足を伸ばして体を持ち上げ、足のチョキの形で前後に開きます（右足前、左足後ろ）。
❷右足に力を入れて体を前傾し、左足を浮かせて左手に体重を乗せます。
❸❷と連動するように、右手を前につき出し、体を前に移動させながら左足を引き寄せて体重を乗せます。
❸今度は❷と逆の動きをしながら、どんどん前に進んでいきます。

動きのポイント

❶手のひらは大きく開きます。
❷手は遠くにつきます。
❸足は肩幅まで開きます。
❹目線はマットについている手と手の間を見るようにします。

ここに注意！

❶足が開きすぎると力が外側に逃げてしまうので気をつけましょう。
❷ケガをしないように手首や足首など事前の体操をきちんと行いましょう。

1 ロケットスタートのポーズだよ！

2 左手に力を入れて左足を持ち上げるよ。

3 左足を前に引き寄せたら、今度は逆の動きで前に進んでいくよ。

➔バリエーションのポイント

クマ電車

❶床にマスキングテープや長縄を使って２本の線を引き、線路に見立てます。
❷線路の間をクマ歩きで進みます。「この電車は、何線ですかー？」と聞いてあげると子どもは楽しみながら行います。

クマ新幹線

❶慣れてきたらスピードを上げてクマ新幹線にチェンジ。
❷先生が手拍子や太鼓を早く打ち鳴らしたり、数を数えてあげたりしてリズムをとるとよいでしょう。

横クマ歩き

　左足と左手に体重を乗せて、右足と右手を中に浮かせて右方向に歩きます。

後ろクマ歩き

　今度は、後ろに向かってクマ歩きで進みます。

クマトンネル

　先生が肩幅まで足を広げてトンネルをつくり開いたり閉じたりします。子どもはトンネルが閉じないうちにクマ歩きで通り抜けます。

ハチミツ追いかけっこ

　マーカーコーンに縄をくぐらせて子どもの前に置き、ハチミツに見立てます。それをクマ歩きで追いかけるあそびです。ハチミツを捕まえようとして腕が前へ前へ伸びるようになります。

非認知能力 競争する力

クモ歩き

アイテム　マスキングテープ／長縄／カラーマーカーなど　対象年齢　4歳

あそび方

❶マットに尻もちをつくように座ります。
❷右手と左足をしっかり床につけて力を入れます。
❸体を浮かせて、左手と右足を上げます。
❹右手を押し出すように床を押し出して、右足を前方のマットにつき、体全体を前に引き寄せます。
❺今度は❷～❹と逆の手足で動き、前に進んでいきます。

動きのポイント

❶大人が「手足、手足」と言葉に出したり、手拍子や太鼓でリズムをとって、子どもが手足を動かせるようにサポートしましょう。
❷慣れてきたら後ろ向きで進んでみましょう。

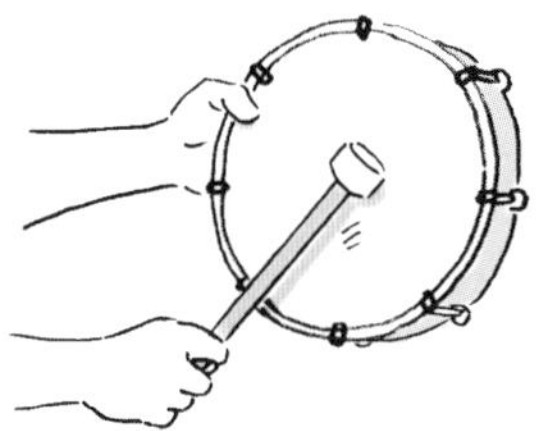

太鼓の音に合わせて動いてみよう。

1 クモ歩きに挑戦するよ。体をぐっとあげて、左手と右足を上げよう。

2 今度は後ろに向かって進むよ。手足は逆の動きができるかな？

ここに注意！

手のひらは横に向けて、指に必要以上の負荷がかからないようにしましょう。

バリエーション・ジャンプ

対象年齢 4歳

カンガルー・ジャンプ

あそび方

❶両手を後ろに引いて、両ひざを曲げます。
❷両手を斜め上に振り上げると同時に、カンガルーになったつもりで遠くにジャンプします。

動きのポイント

❶両手の振り出しは前方ではなく斜め上にすることで滞空時間を長くできます。
❷着地の際は、振り出した両手を前方まで下ろしながら、ひざのクッションちゃんを使うようにします。

カエル・ジャンプ（飛び）

あそび方

❶両足を左右に開き、しゃがんで両手を床につきます。
❷膝のバネを使い、カエルになったつもりで斜め上に向かってジャンプします。

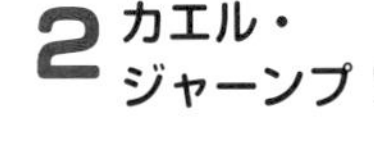

お手玉・ジャンプ

あそび方

❶お手玉の上を前後に跳びます。
❷お手玉の上を左右に跳びます。

1 今度はお手玉を跳び越えるよ

2 次は右に向かってジャーンプ！

ジャンプ競争

アイテム 長縄／太鼓／笛　対象年齢 4歳

ジャンプ競争

あそび方

❶マスキング・テーや長縄で床に線を引きます。
❷最初は一人でジャンプします。
❸次に、お友達と並んで「イチ、ニのサン」で競争ジャンプをします。

動きのポイント

❶高く遠くに跳ぶには、しっかりひざを曲げて腰を落とし、両手を後ろに引いた反動で跳ぶようにします。
❷高く跳ぶ競争、遠くに跳ぶ競争などバリエーションをつけましょう。
❸慣れてきたら、笛の音や太鼓の音を合図にジャンプしてもよいでしょう。

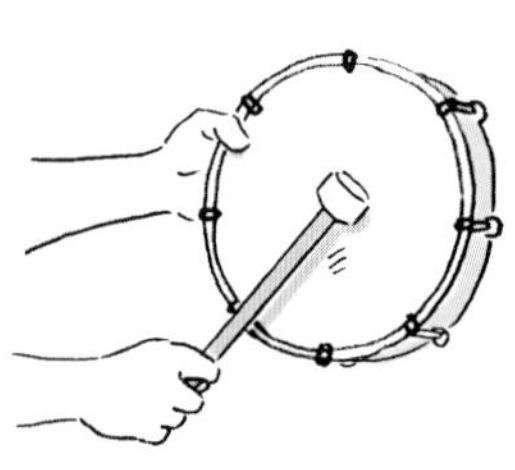

ケンパー競争

あそび方

❶片足を上げて「ケン」のポーズをします。

❷軸足で軽くジャンプして「パー」で進みます。

動きのポイント

❶進む動きがむずかしい場合は、まずその場でケンパーをやってみます。

❷「ケンパー、ケンパー」と声に出しながら進みましょう。

1 片足を上げて「ケン」

2 前に進んで「パー」

3「チョキ」も入れて「グーチョキ - パー」

グーチョキパー競争

あそび方

❶ケンパー競争の応用です。「ケン」から「グー」→「チョキ」→「パー」と足の形を変えながら進んでいきます（床のテープはまっすぐ進む目印）。

❷１回鳴ったらチョキ、２回だったらパーなど、先生が鳴らす笛や太鼓の回数によって指示を出すとよいでしょう。

1 さぁ、競争だよ

2 太鼓の音が１回だから「チョキ」間違わずにできたかな？

非認知能力 競争する力

フェイント反復横跳び

アイテム カラーコーン　対象年齢 5歳

あそび方

❶先生と向かい合い、先生の動きに合わせてカニステップ（サイドステップ）します。
❷サイドの線に20秒間で素早くタッチするタッチ競争をします。

動きのポイント

❶素早く左右に動くには、姿勢を低く保つことが大切です。「背の高いバスと背の低いスポーツカーはどっちが早い？」と聞いたりしながら、低い姿勢を保てるようにしましょう。
❶最初は向かい合って先生の真似をします。慣れてきたら先生は右に行ったり、左に行ったり、右に行くフリをして左に行ったりしてフェイントをかけます。
❷3本の線を引いて（線と線の間は1メートル）、サイドの線にそれぞれカラーコーンを置き、20秒でカラーコーンをなるべく早くタッチをするタッチ競争をします。

1 さぁ、いくよ！同じ動きができるかな？

2 いいよ、その調子！

ここに注意！

早く動こうとすると、つい走ってしまいます。そうならないように、「しっかり止まってから動くんだよ」と声をかけましょう。

後ろ走り・スキップ

アイテム マット　対象年齢 5歳

あそび方

❶後ろ向きで走ります。
❷後ろ向きでスキップします。

動きのポイント

❶後ろ走りは、転びにくいように少し頭をもたげて走るようにします。
❷後ろスキップは割と難易度が高いので、最初のうちは先生も一緒に行いながら、動きのイメージを膨らませましょう。
❸慣れてきたら、スキップだけでなく、ケンケンやグーチョキ - パーにも挑戦してみましょう。

1 後ろ向きで走るよ。最初はゆっくり転ばないようにね。

2 今度は後ろ向きスキップ。上手にできるかな？

ここに注意！

体重が後ろにかかりやすい子がいたら、先生が頭の後ろに手を出して、後ろ向きに転ばないようにサポートしましょう。

非認知能力 競争する力

変形かけっこダッシュ

アイテム 笛　対象年齢 4歳

あそび方

笛などの先生の合図で、いろいろな格好から素早く立ち上がり、ダッシュするあそびです。ダッシュして転んだり壁にぶつかったりしないよう、ゴール位置を決めてカラーコーンを置くようにしましょう。

❶あぐらからダッシュ
❷長座からダッシュ
❸後ろ体操座りからダッシュ
❹うつ伏せからダッシュ
❺仰向けからダッシュ
❻後ろ向きから振り返り、1 回ジャンプしてからダッシュ　など

1 長座スタート　1 あぐらスタート

2 素早く体を起こしてー

動きのポイント

❶コツは素早く両手を床についてその反動で立ち上がることです。
❷慣れてきたら、二人か三人一組で競争しましょう。

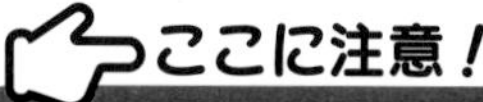

慌てて立ち上がろうとして、隣の友達とぶつからないよう、十分に間隔を開けましょう。

先生がピッと鳴らしたらスタートだよ。

3 ダッシュ！

カラーコーン走

走る

アイテム カラーコーン　対象年齢 4歳

あそび方

タッチ走

❶３色のカラーコーンを用意します。
❷先生が指示した色のコーンに向かって走り、タッチして元の位置まで走って戻ります。
❸慣れてきたら、赤→青→黄色の順にタッチしてから戻るようにします。ときどき色のパターンも変えます。

ジグザク走

一定間隔に並べたカラーコーンの間をジグザクに走り抜けます。

ぐるっと走

❶３～４列に並び、「ヨーイスタート」のかけ声で走り、カラーコーンをぐるっと回って戻ります。
❷太鼓や笛、旗を真上に上げてスタートさせるなど、バリエーションを加えると、さらに楽しく行うことができます。

非認知能力 競争する力

マーカーコーン走

アイテム マーカーコーン　対象年齢 4歳

あそび方

❶マーカーコーンの上を踏まないようにまたいで走ります。
❷マーカーコーンの間隔は、かけっこの歩幅と同じくらいになるようにします。

動きのポイント

❶マーカーコーンを蹴飛ばさないように一定のリズムで走ることが大切です。
❷上手にできたら、マーカーコーンの幅を広げることで難易度を上げていきましょう。

非認知能力 競争する力

爆弾スキップ走

アイテム マーカーコーン　対象年齢 5歳

あそび方

❶マーカーコーンを等間隔に置き、踏まないようにスキップで進みます。
❷「踏んだら爆弾が爆発すると思って全力で跳ぼう」と声をかけると、ほどよい緊張感のなかで楽しく行うことができます。

動きのポイント

慣れてきたら、腕を大きく振って、できるだけ遠くにスキップできるよう、マーカーコーンの間隔を開けましょう。

非認知能力 競争する力

ボール・スキップ走

アイテム ボール　対象年齢 3歳

走る

あそび方

❶やわらかいボールを使います。
❷ボールを落とさないようにしてスキップします。
❸慣れてきたら３列になって、歩調を合わせて一緒に行います。

動きのポイント

❶ボールは抱え込まないようにします。
❷胸の高さまでボールをもちあげ、ひざを高く上にあげてスキップしましょう。

ボールを落とさないようにスキップしよう。

非認知能力 競争する力

浅瀬の岩跳び

アイテム 輪投げの輪　対象年齢 3歳

跳ぶ

あそび方

❶輪投げの輪をジグザグに置きます。
❷輪投げの輪の中を片足ずつ交互に足を入れて進みます。

動きのポイント

❶輪を踏まないよう真ん中に足を入れましょう。
❷片足ずつ重心移動を意識して行います。「右左右左」又は「左右左右」と声に出して行うとよいでしょう。

輪を踏まないように跳ぼう。

非認知能力 競争する力

ゴム段バリエーション

アイテム カラーコーン／ゴムひも／S字フック　対象年齢 5歳

あそび方

❶カラーコーンや椅子にゴムひもをくくりつけてゴム段にします。
❷最初は、ゴムひもに引っかからないようにまたいで感覚をつかみます。
❸慣れてきたら、さまざまな方法でゴム段を跳び越えたり、くぐり抜けたりします。

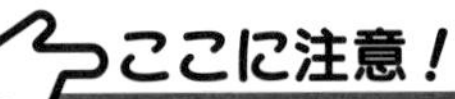

ここに注意！

跳び越えるときは、ゴムひもに当たらないように少し手前から跳ぶようにしましょう。

カラーコーンには S 字フックを利用します。

ゴム紐に引っかからないようにまたぐよ。

グージャンプ

ジャンプする際には、両足をグーにして立ち、腰を落として腕をしっかり引きます。

ワニくぐり

腹ばいになり、ワニ歩きでくぐります。

1 ワニさんになりきってくぐるよ。

2 次の試練が迫ってきたぞ。

忍者横くぐり

体を横向きにして忍者のように素早くくぐります。

1 シュシュッとくぐろう。

2 やったー

1 かっこよくジャンプするぞ。

2 トォー！

ヒーロージャンプ

ヒーローのようにダイナミックに片足ずつ高く振り上げてジャンプしてゴム段を跳び越えます。

アイテム カラーコーン／ゴムひも／S字フック

対象年齢 5歳

非認知能力 競争する力

お手玉のせバランス歩き

アイテム お手玉／平均台　対象年齢 5歳

あそび方

❶お手玉を頭にのせてバランスを取りながら歩きます。
❷慣れてきたら、平均台の上を歩いてみましょう。

動きのポイント

バランスを取る際は、両手を真横にピンと伸ばしてみましょう。

1 しっかり前を向いてバランスをとろう。

2 今度は平均台に挑戦だ。うまくできるかな。

ここに注意！

下を見ると頭が下がってしまい、お手玉が落ちてしまいます。しっかり前を見るようにしましょう。

ケンケン・スクワット

アイテム お手玉　対象年齢 3歳

あそび方

❶片足立ち（右足）になります。
❷左足が床につかないよう注意しながら右ひざを曲げて、お手玉を手にとり❶の姿勢に戻ります。
❸次は❷の動きで、お手玉をそっと床に置きます。
❹❷と❸の動きを3回行います。
❺軸足を左足に変えて❷と❸の動きをします。

動きのポイント

❶ひざ曲げは、お手玉を活用した片足スクワットです。
❷フラフラしないように、軸足のほうの太ももにぐっと力を込めます。
❸慣れてきたら、今度は、右ひざを曲げずに前傾しながら体を倒し、左手と左足でバランスをとりながらお手玉をひろったり置いたりするのもよいでしょう。

1 最初はひざを曲げて お手玉をひろおう。

2 次は、ひざを曲げずに体を傾けてお手玉をひろおう。

非認知能力 競争する力

フラフープ・ボールつき

アイテム ボール／フラフープ　対象年齢 4歳

あそび方

❶最初はフラフープの輪の内側をねらってボールつきを行います。
❷次にフラフープの輪の外側をねらってボールつきを行います。

動きのポイント

❶フラフープに当たらないにようにしながら、内側と外側を使い分けてボールをつけるようにします。
❷ボールをつく場所にテープで×印をつけてあげるとよいでしょう。

非認知能力 競争する力

ボールはたきっこ

アイテム ボール／マット　対象年齢 4歳

あそび方

お互いにボールつきをしながら、隙をついて相手のついているボールをはたき合います。

ここに注意！

勢い余って、友達の手をはたかないように気をつけましょう。

マット怪獣を倒そう

アイテム ボール／的／マット　対象年齢 5歳

あそび方

❶マットを立てて置き、怪獣の絵が描かれた紙（的）をテープで貼ります。

❷最初は、両手でボールをもって、的に向かって投げます。

❸慣れてきたら、片手でボールをもって、的に向かって投げます。

動きのポイント

❶先生が、足をチョキにして、後ろ足から前足に体重を移動させる動きをして見せます。

❷「地球を襲ってきた怪獣を倒すぞ」と声をかけると、子どもたちは自分がヒーローになった気持ちで取り組んでくれます。

1 さぁ、怪獣を倒すぞ。

2 よし！倒した。

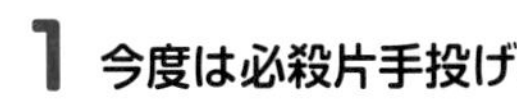

1 今度は必殺片手投げ。

2 また倒せたよ。

非認知能力がぐんぐん伸びる

集中する力

非認知能力 集中する力

肩甲骨回し

操る

対象年齢 4歳

あそび方

❶両手を肩につけたまま、前に回します。
❷慣れてきたら、後ろにも回してみます。

動きのポイント

肩甲骨を意識することにより、かけっこの腕振りや、縄跳びの前跳びの腕回しの感覚を養います。手を肩から離れないようにしましょう。

ここに注意！

苦手な子には、先生がひじを持ってサポートしましょう。

1 両手を肩につけよう。

2 さぁ、前に回すよ。

非認知能力 集中する力

天井とにらめっこ

操る

対象年齢 4歳

あそび方

❶ひざを曲げないように、両手を床に 4 回つきます。
❷床についた手の反動で両手をお尻に持っていき、体を反らして天井を見ます。

動きのポイント

両手は腰ではなく、お尻を押すようにします。そうすることで体重を支え、骨盤が正常な位置に戻り、姿勢がよくなります。

ここに注意！

反る動きが苦手な子は、先生がサポートしましょう。

1 床に両手をつけよう。ひざを曲げないようにね。

2 さぁ、おしりを押そう。体をそらして天井とにらめっこだ。

腕振りあそび

対象年齢 4歳

操る

かけっこの正しい腕振りの仕方を覚えるあそびです。

❶手は、卵のような柔らかいものを握るようにします（力まないようにします）。
❷両腕をその場で前後に振ります。
❸両ひじを曲げて、後ろに引くように振ります。
❹最後に片方ずつ振っていきます。

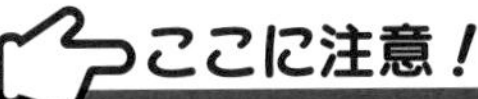

「かけっこが速くなるための腕振り練習だぞ」と言いながら、子どもの目の前で一緒に行い、お手本を示します。

ここに注意！

ひじが伸びたりしてしまう子は、後ろからひじを持って動かしてあげましょう。

1 手の形は卵を握っているところ想像しよう。

2 さぁ、力を抜いてうでを前後に振るよ。

3 今度はひじをまげて後ろに引こう。

4 今度は片方ずつうでを振るよ。

お掃除体操（大旋回）

対象年齢 3歳

1 床をお掃除するよ。
両手を上げて指先までのばすよ。

2 さぁ、両手を急降下だ。

3 両手をしっかり床につけてお掃除だ。

あそび方

❶「みんなで床を掃除するぞ」と声をかけます。
❷足を広げ、両手を上に上げます。
❸「次は、急降下だよ」と声をかけて腕を振り下ろします。
❹ほうきで床を掃除するように、床を触ります。
❺一周したら、逆から行います。

ここに注意！

指先まで伸ばすこと、ひざを曲げないようにすることを心がけましょう。

非認知能力 集中する力

変身ポーズ体操

対象年齢 3歳

操る

あそび方

❶両足を広げ、左手で腰を押し、右手を耳にくっつけます。
❷変身のポーズをするように、腰から脇にかけて伸ばします。
❸反対側にも行います。

しっかり手を伸ばして変身ポーズをしよう。

動きのポイント

「伸びていますか？」と子どもに声をかけながら、腰から脇にかけて伸ばしている場所を触って意識させましょう。

ここに注意！

伸ばした手が曲がらないように、「お猿さんの真似じゃないよ」と声をかけて正しいかたちを意識させます。

非認知能力 集中する力

お椅子スクワット

対象年齢 5歳

縮まる

あそび方

❶「アブラカタブラ」「チンカラホイ」「チチンプイプイ」「ビビデバビデブー」など、子どもが選んだ呪文を唱えさせて、透明の椅子を出します。
❷魔法の椅子の高さを確認し、その椅子に座るようにしてお尻を下げます。

さぁ、魔法のいすに座ってみよう。

動きのポイント

❶しゃがみすぎて椅子をつぶしたり、ひざを伸ばして椅子に座らなかったりしないようにします。
❷両手は前に伸ばして、バランスをとります。

サンドイッチをつくろう

対象年齢 3歳

あそび方

❶開脚をした両足はパンです。そこに、バターを塗ります。
❷サンドイッチに両手を伸ばして、好きな具を挟みます。
❸最後に「いただきます」と言いながら、前に両手を伸ばします。

動きのポイント

開脚をした両足を食パンに見立て、サンドイッチをつくる柔軟体操です。

まずはパンにバターを塗ります。レタスやトマトやハムやチーズなど、挟みたいものを子どもに聞いて、柔軟体操をしながら両腕を伸ばして挟みましょう。

最後に「いただきます」と言いながら、前に両手を伸ばしましょう。

ここに注意！

開脚をした足の裏が曲がらないように、ひざを伸ばしましょう。
つま先は天井に向け、骨盤が寝ないように気をつけましょう。

1 さぁ、両方の足にバターをぬるよ。

2 バターをぬり終わったら好きな具をはさもう。サンドイッチが完成したよ。

3 いただきまーす。

非認知能力 集中する力

つま先シャキーン

対象年齢 3歳

伸びる

あそび方

❶右足（軸足）をお尻の下に入れ、左足を伸ばします。
❷両手は「ピン」と前に伸ばして、伸脚の姿勢をとります。
❸「シャキーン」と言って、つま先をかっこよく上に伸ばします（反対側も同じように行います）。

つま先を「シャキーン」と上に伸ばそう。

動きのポイント

軸足のかかとを床につけ、背筋を伸ばし、つま先を上に伸ばすことで、足首の柔軟性と背中の筋肉を伸ばすことができます。

非認知能力 集中する力

必殺！変身ポーズ

対象年齢 3歳

止まる

あそび方

❶伸脚の姿勢になります。
❷両手で変身ポーズをとり、体を後ろに傾けます。

動きのポイント

重心の移動を覚えることができます。伸ばしたつま先は「シャキーン」と天井に向けて、軸足はお尻の下に入れて、かかとは床につけましょう。

体をかたむけて変身ポーズをしよう。

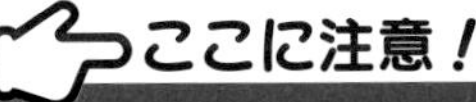
ここに注意！

伸ばした足のほうに体重が乗るように体重移動できるようにしましょう。

非認知能力 集中する力

ネコちゃんストレッチ

伸びる

アイテム マット　対象年齢 4歳

あそび方

❶ネコが背中を伸ばすように、両ひざをつきます。
❷両手を前に伸ばし、お尻を天井に突きだすような姿勢で背筋を伸ばします。
❸うつ伏せになり、ついた手を伸ばし、あごを反らしてお腹を伸ばします。

動きのポイント

❶ネコちゃんの背中伸ばしは、お尻を天井につきだすようにしましょう。
❷ネコちゃんのお腹伸ばしは、天井を見るようにしましょう。

1 ネコちゃんのように両方のひざを床につけるよ。

2 うつ伏せから体をもちあげよう。

非認知能力 集中する力

飛行船

縮まる

アイテム マット　対象年齢 4歳

あそび方

❶うつ伏せになり、両足首を持ちます。
❷あごを上げて体を反らします。
❸慣れてきたら、左右にごろんごろんと揺れてみましょう。

動きのポイント

反らしたときにお口いっぱいに空気を入れたりすると、飛行船のイメージが湧きやすいでしょう。

ここに注意！

上手にできない子は、先生が後ろから両肩を持って、上に引っ張ってあげましょう。

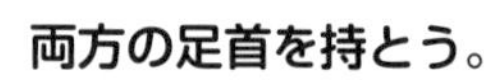
1 両方の足首を持とう。

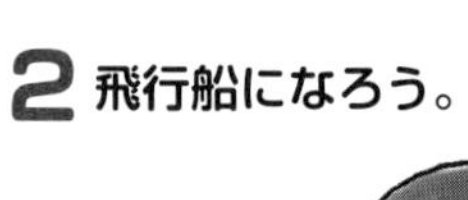
2 飛行船になろう。

寝ながらウルトラマン

泳ぐ

アイテム マット　対象年齢 3歳

あそび方

❶うつ伏せになります。
❷足と手をマットから離します。
❸背中を反らしていろいろなポーズをします。

動きのポイント

　ポーズをとっているときも、手と足はマットにつけないように、浮かしたままです。

ここに注意！

ひとつの動きを約 15 秒行ってから、次のポーズに移りましょう。

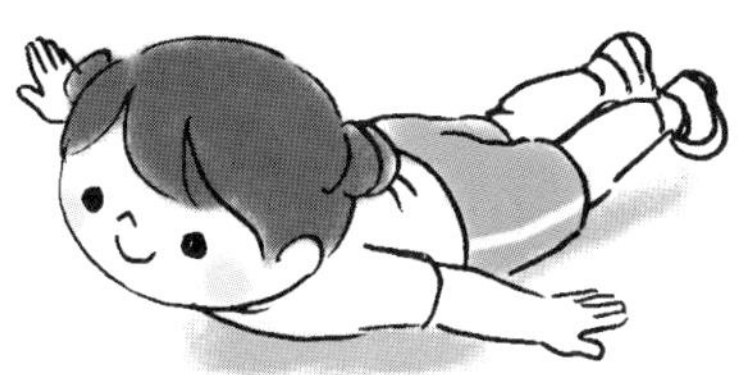
飛行機のポーズ

ウルトラマンのポーズ

キツネのポーズ

鬼のポーズ

平泳ぎのポーズ

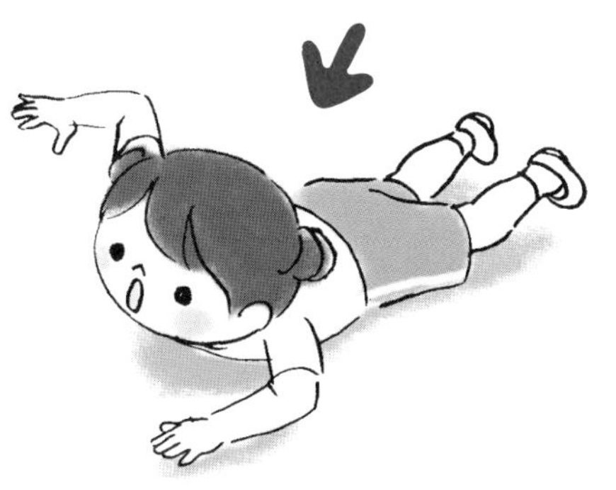
クロールのポーズ

非認知能力 集中する力

天秤バランス

対象年齢 3歳

伸びる

あそび方

❶両ひざをついて、右手を上げて前に伸ばし、左足を後ろに伸ばし、天秤のような姿勢をとります。

❷右ひじと左ひざをくっつけて、ダンゴムシのような姿勢になります。

動きのポイント

視線は前を向き、手足は指先からつま先まで伸ばしましょう。

ここに注意！

足と手が一緒にならないよう、左右別々の手足を伸ばします。

1 てんびんの姿勢になろう。

2 次は、ダンゴムシだよ。

非認知能力 集中する力

スカイツリーをつくろう

対象年齢 3歳

操る

あそび方

❶寝転んで腰に手を当て、両足を伸ばします。

❷バランスをとりながら、足をバタバタさせます。

動きのポイント

足を高く上げられるよう、腰への手のサポートをゆるめないようにします。

ここに注意！

腰が上がらない子どもは、先生が腰を持ってあげましょう。

1 スカイツリーになろう。

2 足をバタバタさせてみよう。

雷ゴロゴロ

対象年齢 3歳

操る

あそび方

❶仰向けになります。
❷カミナリさんになった先生が、「ゴロゴロゴロゴロ」と言いながら、子どもの周りを歩きます。
❸カミナリさんが「どっかーん」と言っておへそをとりに来たら、子どもはおへそをとられないよう、素早くうつ伏せになります。

あそびのポイント

❶「どぼーん」「どしーん」「どすーん」「どんどんどん」「どじょー」「どんぐり」「ドリル」「ドラえもーん」「どきんちゃん」など、先生が言葉でフェイントかけてあげると、子どもは喜びます。
❷「どっかーん」以外の言葉では、子どもは動かないでがまんします。

ここに注意！

先生の言葉に騙されないように、よく言葉を聞いてから動くように伝えましょう。

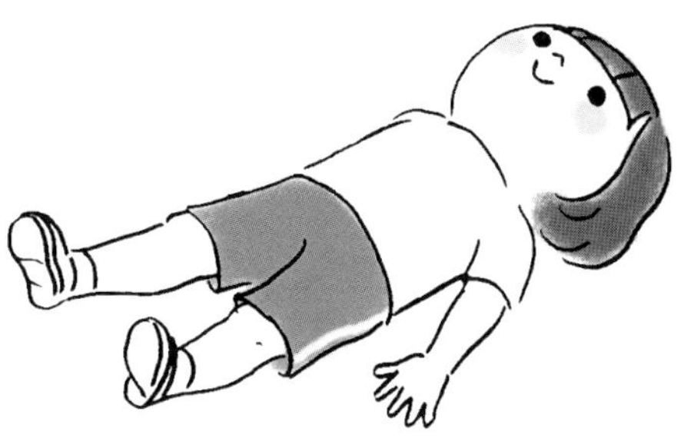

1 ゴロゴロ、カミナリさんが近づいてきたよ。

2「どっかーん」カミナリさんがおへそをとりに来たよ。

3 さぁ、急いでおへそをかくそう。

非認知能力 集中する力

ほら穴のぞき

対象年齢 4歳

縮まる

❶あぐらの姿勢になります。
❷足の間に両手を通します。
❸頭を足裏に近づけます。
❹ほら穴をのぞくように体をかがめて両耳をつかみます。
❺耳をつかんだら10秒数えます。

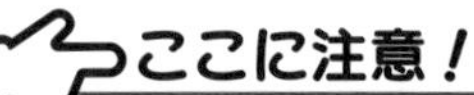

楽しく柔軟性が高まるあそびです。一つ一つの動作は、無理をせずゆっくり行うようにしましょう。

ここに注意！

体がかたくて耳をつかめない子がいれば、無理をせずにかがむ動作だけにしましょう。

1 おとうさん座りになるよ。

2 足の間にうでを通そう。

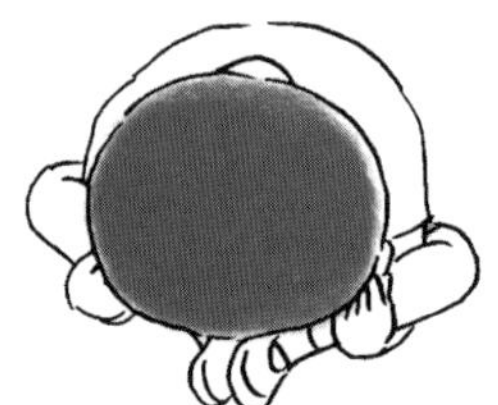

3 さぁ、ほら穴をのぞいてごらん。

いろいろな片足バランス

操る

対象年齢 5歳

あそび方

両手を肩まで上げた片足バランスの姿勢から、いろいろな面白ポーズをとるあそびです。

❶両手を肩まで上げて、片足バランスの姿勢をとります。
❷「何やろうかな〜」と考える人のポーズをとります。
❸「新聞を読む人」のポーズをとります。
❹「ウキキキ〜おサルさん」のポーズをとります。

1 両手を上げて、片足立ち！

動きのポイント

床につけた足の親指と小指をしっかり力を入れて、足がグラグラとバランスを崩さないようににしましょう。

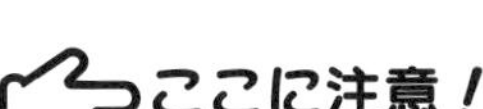

ここに注意！

視線は常に前を向くようにしましょう。

2 考える人のポーズ

3 新聞を読む人のポーズ

3 最後は、おサルさんのポーズだよ。

非認知能力 集中する力

だるまゆらし

操る

対象年齢 4歳

あそび方

❶お父さん座りから、足のつま先を持ちます。
❷左右のひざをそれぞれ動かして体を傾かせます。

動きのポイント

❶だるまが揺れるように、左右に体を傾けます。
❷倒れないようにお腹に力を入れることで腹筋もきたえられます。

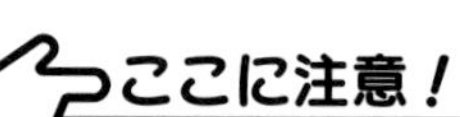
ここに注意！

あまり勢いはつけず、ゆっくり動かしましょう。

ひざを動かして、
体をかたむけるよ。

非認知能力 集中する力

子ども橋

操る

対象年齢 4歳

あそび方

❶床に両手をつき、足を伸ばして体支持の姿勢になります。
❷姿勢が安定したら足をバタバタして動かします。

動きのポイント

10秒間最後まで足を動かし続けられるようにします。

ここに注意！

足を曲げたりして体支持の姿勢を崩さないようにします。

体支持の姿勢から
足をバタバタしよう。

非認知能力 集中する力

ボールおんぶ走り

アイテム ボール　対象年齢 4歳

あそび方

❶ボールをおんぶします。
❷ボールを落とさないように走ります。

動きのポイント

慣れてきたら、三角コーンなどを用意し、ぐるっと周ってくるようにしても楽しいでしょう。

ここに注意！

ボールを落とさないように、しっかり背中に手を回してつかむようにしましょう。

ボールをおんぶして走ろう。

非認知能力 集中する力

海で子ども橋

対象年齢 5歳

あそび方

❶海に浮かぶ橋の姿勢になります。
❷「右足の下にサメが来たぞー、左足のしたにクラゲが来たぞー」と声をかけます。
❸たがいちがいに右足と左足をあげます。

動きのポイント

バランスを崩さないように目線を前に向けるようにします。お腹を下に向けたままバランスをとることで、体の中心部を鍛えることができます。

クラゲだ！逃げろー。

Vの字バランス

対象年齢 4歳

止まる

あそび方

お腹の体幹がよくなるあそびです。

❶床におしりをつけて、両足を上げます。

❷両手は横に広げ、アルファベットのVの字になります。

❸その姿勢から上半身を動かしてポーズをとります。

❹ 15 秒ほどポーズを維持したら、次の動きに進みます。

動きのポイント

ほかにも、いろいろなポーズをしてみましょう。

❶鳥の羽のように両手を動かします。

❷アメンボのような、平泳ぎで泳ぐように両手を動かします。

❸ミツバチのように針をつくって跳びます。

❹カマキリのようにカマを振ります。

❺ボートのように両手でオールをこぎます。

❻自転車をこぐように両足を動かします。

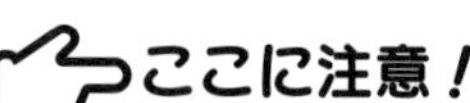

ここに注意！

足や手がマットにつかないように気をつけましょう。

1 飛行機のポーズ

2 左右の壁をタッチするポーズ

3 最後はガッツポーズ

非認知能力 集中する力

タクシーの運転手さん

アイテム リング　対象年齢 4歳

❶リング（輪投げの輪など）を持ちます。
❷マットにおしりをつけ、両足を閉じたまま上にあげます。
❸リングをハンドルに見立てて運転します。
❹腕に通してくるくる回したり、頭に乗せてバランスを取ったりしてあそびます。

あそびのポイント

「みんなでタクシーの運転手さんになろう」と言って、音楽をかけるのもよいでしょう。

非認知能力 集中する力

ヨットバランス

対象年齢 4歳

あそび方

❶片方の手はマットにつき、もう片方の手は上に伸ばします。
❷両足を伸ばします。
❸片方の足を上げてバランスをとります。

動きのポイント

目線は前を見て、ひじを伸ばしてバランスをとりましょう。

ここに注意！

支える手は、肩の下につかないとバランスを崩すので気をつけましょう。

非認知能力 集中する力

その場もも上げ

対象年齢 4歳

あそび方

❶子どものおへその前で手を置きます。
❷先生の手に当たるように交互にももを上げます。

その場で、もも上げ走りだよ。

動きのポイント

回数を決めて行うと集中します。10回先生の手にタッチなど目標を決めて取り組みましょう。ももを上げることで、お腹の内側がきたえられます。

ここに注意！

両方のももをしっかりあげられるように、「ももを手に当てられるまであげるんだよ」と声をかけましょう。

非認知能力 集中する力

その場スキップ

対象年齢 3歳

あそび方

❶手と足を別々に上げます。
❷その場で伸び上がりながら、スキップします。

その場で、スキップしよう。

あそびのポイント

「タッタタ、タッタタ」と声に出して、リズムをとれるように伝えましょう。

ここに注意！

手と足を別々に上げるのが苦手な子には、ゆっくりとした動作で一緒に行ってあげましょう。

ペンギン歩き

対象年齢 4歳

❶マットにひざをつきます。
❷両手を交互に振りながら子どもペンギン歩きをします。
❸今度は、両手を下ろして子どもペンギン歩きをします。
❹最後は立ち上がり、かかとで親ペンギン歩きをします。

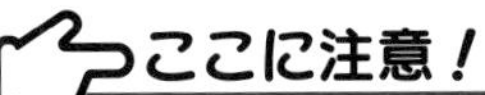

❶子どもペンギン歩きは、腕を振ることでどれだけ速く前に進めるようになるのかを体感できるようにします。
❷両手を下ろしたときは、ひれのようにして動かさないようにします。

ここに注意！

勢いをつけすぎて転ばないように気をつけましょう。

1 両手を振りながら子どもペンギン歩きをしよう。

2 今度は両手を下ろして子どもペンギン歩きをしよう。

3 最後は立ち上がって、親ペンギン歩きをしよう。

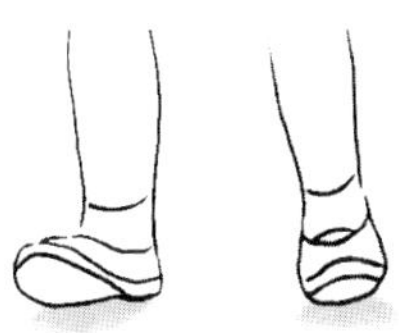

つま先は上げて、かかとで前にすすむよ。

非認知能力 集中する力

おしりかじり虫

 4歳

あそび方

❶お尻を床につけて両足を軽く上げます。
❷その場で手と足を振ります。
❸慣れてきたら、手と足を振りながら前に進みます。

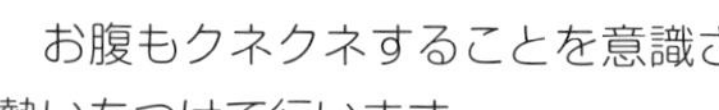

お腹もクネクネすることを意識させながら、勢いをつけて行います。

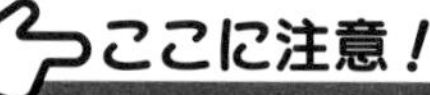

ここに注意！

腕や足がマットにつかないように気をつけましょう。

非認知能力 集中する力

クネクネ橋のつなわたり

アイテム 大縄（ロープ） 対象年齢 4歳

あそび方

❶マットにロープ（大縄）を波線を描くように置きます。
❷橋に見立てたロープ（大縄）の上をつなわたりをするように歩きます。

動きのポイント

両うではピンと伸ばし、バランスをとりながら前に進みます。

ここに注意！

クネクネ橋をまたいだり、はみ出ないようにしながら一歩ずつ進むようにします。

非認知能力 集中する力

クモ行進／前・後ろ

対象年齢 5歳

歩く

あそび方

❶クモのような姿勢になり、足から前に進みます。
❷次は、後ろ向きに進みます。
❸慣れてきたら、お腹にお手玉をのせたまま行進します。

動きのポイント

手拍子や太鼓を使って、イチニ・イチニのリズムに乗って動けるようにサポートしましょう。お手玉を乗せるときは、お腹を平らにします。

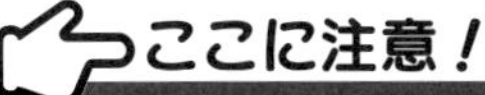
ここに注意！

手のひらは横に向け、指に必要以上に力がかからないように気をつけましょう。

クモ行進をしよう。

今度はお腹にお手玉をのせて行進しよう。

非認知能力 集中する力

くるくるリングつかみ

アイテム リング　対象年齢 4歳

掴む

あそび方

❶先生がリングを床につけて横方向にくるくる回転させます。
❷リングがぺたんと床に倒れる前に、素早くつかみます。

あそびのポイント

最初は両手でつかめるようにし、慣れてきたら片手でつかむようにします。

つかめたー！

非認知能力 集中する力

マットトンネルくぐり

アイテム　マット／パペット　対象年齢　3歳

あそび方

❶二つ折りのマットを立ててトンネルに見立てます。
❷出口で人形（怪獣やワニ）などを見せて、トンネルをくぐるよう促します。

動きのポイント

頭を低くして、手のひらとひざを擦るようにしながら進むようにします。

ここに注意！

マットを倒さないように声をかけましょう。

1 恐竜をめざしてすすもう。

2 トンネルをくぐり抜けるぞ。

3 やったぁ、トンネルから脱出だ！

カエルの足打ち

アイテム マット　対象年齢 5歳

あそび方

❶両手をついて足を広げます。
❷両手を伸ばして、両足を蹴り上げます。
❸空中で足と足とで拍手をします。

動きのポイント

❶カエルが空中で足打ちをするようなイメージをもたせます。
❷ひじが曲がらないように、しっかり伸ばすようにしましょう。
❸慣れてきたら、拍手の数を増やしましょう。

ここに注意！

前に倒れないようにするためには、目線はお腹の方には向けず、前を見るようにしましょう。

1 両方の手と足をマットにつけて力をこめよう。

2 勢いよく足をけりあげよう。

3 カエルの足打ちだよ。足と足で拍手をしよう！

非認知能力 集中する力

ダブルニージャンプ

アイテム マット　対象年齢 4歳

あそび方

❶両腕を引き、両ひざを曲げます。
❷腕を振り上げて真上に向かって、両ひざを高く上げてジャンプします。

動きのポイント

空中で両ひざが胸に当たるくらい高くジャンプするように意識しましょう。

ここに注意！

前にジャンプしないように気をつけましょう。

非認知能力 集中する力

カエルのピョン吉ジャンプ

アイテム マット　対象年齢 4歳

あそび方

❶足を広げて準備します。
❷できるだけ高くジャンプします。
❸空中で、足の裏と足の裏でタッチします。

動きのポイント

空中でタッチしたあとは、足を広げて下りるようにしましょう。そうすることで、次の動作に移りやすくなり、連続で行うことができます。

ここに注意！

カエルのようにピョンピョン跳ぶイメージをもたせましょう。

非認知能力 集中する力

お尻かかとタッチジャンプ

アイテム マット　対象年齢 4歳

あそび方

地面を足の裏でつかんで蹴り上げるあそびです。

❶体をしっかりかがめて準備します。
❷両腕と両ひざをグッと曲げて高くジャンプします。

ここに注意！

空中でひざを折り曲げ、かかとがお尻に当たるようにしましょう。

非認知能力 集中する力

ジャンプ拍手

アイテム マット　対象年齢 4歳

あそび方

❶両腕を引き、両ひざを曲げます。
❷高くジャンプし、空中で拍手をします。

動きのポイント

❶2回目からは「イチニ」と声に出しながら行うようにすると、集中力が高まります。
❷慣れてきたら、「イチ、ニ、サン」「イチ、ニ、サン、シ」と増やしていきます。

ここに注意！

素早く拍手するために、両手の幅は顔の広さくらいにしましょう。

非認知能力 集中する力

バーピージャンプ

アイテム **マット**　対象年齢 **4歳**

あそび方

❶しゃがんで両手をマットにつきます。
❷両足をうしろに伸ばします。
❸両足を戻し、ジャンプと同時に、空中で手を叩きます。

ここに注意！

さまざまな動きが入るため、先生が見本を見せたり、一緒に行いましょう。

非認知能力 集中する力

花火のどっかんジャンプ

アイテム **マット**　対象年齢 **3歳**

あそび方

❶両腕で両ひざを抱えて小さくなります。
❷一気にジャンプをして両手を広げ、空中でパーのかたちにします。

動きのポイント

打ち上げ花火が打ちあがるように、空中では手と足は大きく広げるようにしましょう。

ここに注意！

子どもがジャンプするときに、先生が「どっかーん」と声をかけると効果的でしょう。

空中グーチョキパー

アイテム マット　対象年齢 4歳

あそび方

❶両腕を引き、両ひざを曲げてジャンプします。
❷空中で両足をグーにします。
❸次のジャンプで空中で両足をチョキにします。
❹次のジャンプで空中で両足をパーにして両手を開きます。
❺最後は、着地でポーズをとります。

動きのポイント

高くジャンプできるように、しっかり両腕を引き、両ひざを曲げるようにします。

ここに注意！

チョキで下りるときに、そのままチョキのかたちでおりるとバランスを崩しやすいので、グーで着地するように伝えましょう。

非認知能力 集中する力

先生橋でジャンプ

アイテム マット　対象年齢 3歳

あそび方

❶両腕を引いて、両ひざを曲げます。
❷両腕を斜め上に振り出すと同時にジャンプして、先生の足を跳び越えます。
❸ひざを曲げて着地します。

動きのポイント

「先生の足を踏まないでね」と声をかけて、遠くにジャンプすることを意識させましょう。

ここに注意！

怖がる子どもには、先生が足を広げて、一本の足を跳び越えるのでもいいでしょう。

非認知能力 集中する力

アマゾン川ジャンプ

アイテム ロープ／イラスト　対象年齢 4歳

あそび方

❶両手を後ろに引き、両ひざを曲げます。
❷両手を斜め上に振り出すとともに、斜め上に向かってジャンプします。

動きのポイント

「イチ」で両手を前に出し、「ニ」で両手を後ろに引き両ひざを曲げ、「サン」で両手を斜め上に振り出してジャンプします。

ここに注意！

ジャンプのタイミングが合うように、「イチ・ニ・サン」と声に出して行いましょう。

非認知能力 集中する力

グーパージャンプ

アイテム マット　対象年齢 4歳

あそび方

❶その場で、足でグーパージャンプをします。
❷次に、手の動きも加えてグーパージャンプをします。
❸さらに、顔の表情も加えてグーパージャンプをします。
❹足がグーのときは手はパー、足がパーのときは手はグーなど、あべこべにする動きもします。

ここに注意！

手と足の連動がうまくいかない子は、ゆっくり行うようにしましょう。

非認知能力 集中する力

先生と手つなぎケンケン

アイテム マット　対象年齢 4歳

跳ぶ

あそび方

ケンケンがまっすぐ跳べるようになるあそびです。
❶先生と手をつないで、右足ケンケンをします。
❷次に、左足ケンケンをします。

動きのポイント

子どもが上にジャンプできるよう、先生は、握った手を上方向に上げましょう。

ここに注意！

子どもと大人では背丈が違うため、手を引っ張りすぎないように気をつけましょう。

非認知能力 集中する力

引き込み体操

対象年齢 4歳

あそび方❶

❶向かい合って、頭の上で拍手をしてからジャンプします。
❷左回りをします。
❸最後に、右回りをします。

1 頭の上で手拍子しよう。

2 手拍子したら、ジャンプするよ。

4 着地したら、拍手しながら左回り！

あそび方❷

❶その場で右足ケンケンをします。
❷次に、左足ケンケンをします。
❸左足のつま先を左手でつかみ、右足ケンケンで、忍者のようにくるっと回ります。
❹最後は、右足のつま先を右手で掴み、くるくる回ります。

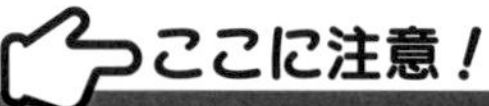

子どもたちが一つの動きができているのを確認してから、次の動作に移りましょう。

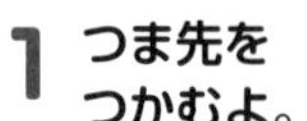

1 つま先をつかむよ。

2 右足ケンケンでくるっと回ろう。

非認知能力 集中する力

ゴリラダンス

対象年齢 4歳

踊る

あそび方

❶グーにした両こぶしを胸に置き、片足立ちになります。
❷上げた足を下すと同時に、両手を下げます。

動きのポイント

「ウッホウッホ」と言って、ゴリラのまねをしながら踊ると楽しめます。

ここに注意！

リズムをとるのがむずかしいので、先生がお手本を見せましょう。

非認知能力 集中する力

しゃがんでダンス

対象年齢 5歳

踊る

あそび方

❶両手を組んで、しゃがみます。
❷片足を前に出してバランスをとり、左右の足を入れ替えます。

動きのポイント

コサックダンスのような動きで、軽快に続けます。

ここに注意！

前に出した足は、しっかり伸ばしましょう。

お散歩サッカー

アイテム ボール／お手玉　対象年齢 5歳

基礎編

あそび方

❶ボールの上に片足を乗せます。
❷次に足の裏でボールを転がすように進めます。

動きのポイント

❶ボールを止めるときは、足の裏でちょんと軽く乗せるようにしましょう。
❷ボールの頭を「いい子いい子」するように、転がして進みましょう。

1 ボールの上にそっと足をのせよう。

2 足の裏でボールを転がすように進ませるよ。

ここに注意！

体重をかけすぎないように気をつけましょう。

応用編①

あそび方

先生が口にした体の個所で、素早くボールを止めるあそびです。
❶ボールを足の裏で転がしながら、お散歩（ドリブル）します。
❷おでこでボールを止めます。
❸お尻でボールを止めます。

1 最初はお散歩ドリブルをしよう。

2 次はおでこでボールをとめよう。

3 次はおしりでボールをとめよう。

4 次はおなかで
ボールをとめよう。

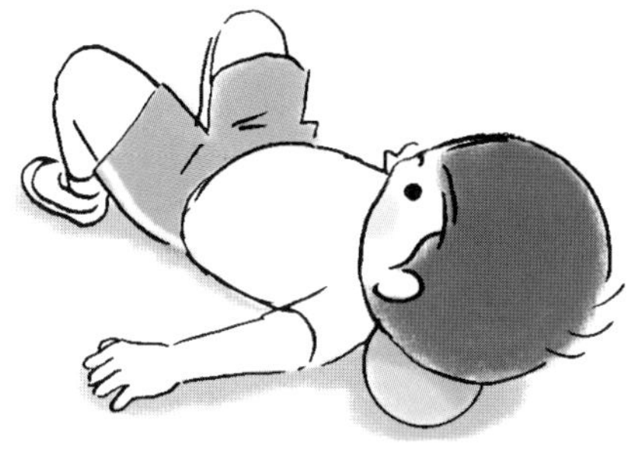

5 最後は頭のうしろで
ボールをとめよう。

応用編（お手玉サッカー）②

あそび方

❶足の甲にお手玉をのせます。
❷足の甲を自分のほうに向けて、お手玉をけり上げます。
❸お手玉をキャッチします。

1 足の甲にお手玉を
のせるよ。

2 真上にけりあげて
みよう。

3 うまくキャッチ
できたかな。

ハンガー揺らしとお相撲揺らし

投げる

対象年齢 4歳

あそび方

ボールを投げる感覚をつちかうあそびです。

❶風になびくハンガーをイメージして、両足と両手を広げます。

❷ひざを曲げて、お相撲さんが四股をふみます。

❸足をチョキのかたちにして、前足のひざを曲げます。

❹後ろ脚に体重を乗せます。

❺ボールを投げるように腕を振ります。

ここに注意！

下半身の重心移動は慣れが必要なので、ハンガーゆらしやお相撲ゆらしをたくさん行って、重心移動の感覚をつかませましょう。

1 風になびくハンガーになろう。

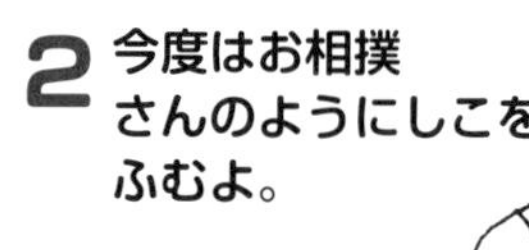

2 今度はお相撲さんのようにしこをふむよ。

3 さぁ、前足のひざをまげて体をかたむけよう

4 今度は、後ろに体をかたむけたら、ボールを投げる体勢が完成！

ボールのお散歩

アイテム お手玉／ボール　対象年齢 4歳

あそび方

ボールを上手にうごかせるようになるあそびです。

❶ボールをお腹のまわりにお散歩させます。
❷ボールを首の周りにお散歩させます。
❸ボールを足首の周りにお散歩させます。

動きのポイント

ボールを上手に動かせるようになるためには、右手と左手を交互に使うように意識させます。

ここに注意！

ボールを落とさないように、最初はゆっくり気をつけながらボールを動かすようにしましょう。

1 ボールをお腹のまわりにお散歩させよう。

2 次は、首の周りをボールにお散歩させよう。落とさないに、右手と左手をかわりばんこに使うよ。

3 今度は、足首のまわりだよ。上手にお散歩できたかな？

非認知能力 集中する力 ▼ アイテム お手玉／ボール 対象年齢 4歳

非認知能力 集中する力

爆弾どっかんゲーム

アイテム ボール　対象年齢 4歳

あそび方

❶仰向けになります。
❷子どもの上で先生がボールをかまえます。
❸先生が「どっかーん」と言いながらボールを落としたら、体をひねってよけます。

動きのポイント

先生の動きをよく観察して、次の動作に備えましょう。

ここに注意！
やわらかいボールで行いましょう。

非認知能力 集中する力

ボールタッチジャンプ

アイテム ボール　対象年齢 3歳

あそび方

❶ボールに向かってジャンプし、タッチします。
❷上手にできたら、ボールの高さを上げましょう。

考えるポイント

高くジャンプするために、両手と両ひざをグッと曲げます。

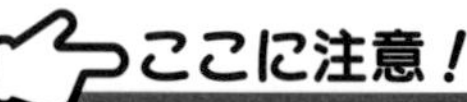

ここに注意！
手を伸ばすだけにならないように、しっかりジャンプをしましょう。

非認知能力 集中する力

亀キック

アイテム ボール(マリ)／釣り竿(おもちゃ)　対象年齢 5歳

あそび方

逆上がりの蹴り上げの練習になるあそびです。

❶仰向けで両手と両足をマットにつき、お尻を上げて亀のようになります。

❷足の上にあるボールに向かって、キックをします。

❸釣り竿がない場合は、ボールを上に持ってあげるのでもよいでしょう。

動きのポイント

❶両手のつく位置は肩の下になるようにします。

❷お尻をしっかり浮かせます。

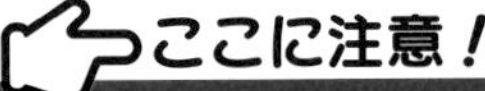

ここに注意！

蹴り上げは片足ずつ行いましょう。

非認知能力 集中する力

魔法のじゅうたん

アイテム マット　対象年齢 3歳

あそび方

❶マットの上にのって座ります。

❷マットの取っ手や横側をしっかり握ります。

❸先生がひっぱってあげます。

❹マットでなくても、大きめのバスタオルでもよいでしょう。

あそびのポイント

慣れてきたらスピードを上げたり、揺らしたりしてあげると喜びます。

ここに注意！

子どもが落ちないように、急に引っ張たりしないようにしましょう。

かかわる力

非認知能力がぐんぐん伸びる

肩上肩横肩上肩パン

対象年齢 4歳

1 最初は肩からだよ。動きはそろっているかな？

2 今度は、両手を高く上げよう。

3 次は、左右に広げよう。鳥さんが飛ぶようにね。

4 最後は、「パチンッ」手拍子をしよう。この動きをつづけてみよう。

あそび方

お友達と向かい合って、肩上肩横肩上肩パンを、お互いに合わせて行うあそびです。

❶両肩に手を置きます。
❷真上に両手を伸ばします。
❸横に両手をまっすぐ広げます。
❹手拍子をします。

動きのポイント

お互いの歩調が合うように、「せーの」とかけ声をかけ合ってはじめましょう。同じ動作を同じリズムで行うようにします。

ここに注意！

一人だけどんどん進もうとする子もいるので、「お友達の動きに合わせよう」と声をかけましょう。

非認知能力 かかわる力

空飛ぶティッシュ

アイテム ティッシュ　対象年齢 5歳

あそび方

❶ティッシュペーパーを持ちあげて下から息を吹きかけて飛ばします。
❷落ちてきたティッシュペーパーをキャッチします。

動きのポイント

ティッシュの落下地点に潜り込む動きを意識します。

ここに注意！

市販のティッシュ1枚を、さらにはがして軽くして使用しましょう。

非認知能力 かかわる力

マッサージあそび

対象年齢 3歳

あそび方

マッサージごっこをするあそびです。

肩をもんであげたり、肩や背中をトントン叩いてあげます。

動きのポイント

「トントントン」と声を出しながら、マッサージしてあげましょう。

ここに注意！

お友達が痛がるそぶりを見せたら、すぐに「やさしくだよ」と声をかけましょう。

やさしく「トントン」
しよう。

ストレッチあそび

伸びる

対象年齢 4歳

あそび方

❶肩幅以上に足を広げ、足と足をくっつけて、お腹の横で手を握り、頭の上でお山をつくるようにストレッチをします。
❷前から両手をゆっくり引っ張ります。
❸後ろからゆっくり背中を押します。

ここに注意！

勢いよく引っ張ったり押したりして、けがをしないように気をつけましょう。お友達が痛くないかを聞くようにするかかわりが大切です。

動きのポイント

❶お山ストレッチでは、お互いを反対方向に引っ張り合うようにして、体の伸びを感じるようにします。
❷開脚するときは、つま先を天井に向け、ひざの裏が床から離れないようにします。そうすると、骨盤が安定します。

1 おなかの上でお山をつくるようにひっぱろう。

2 痛くないか聞きながらゆっくりひっぱろう。

3 やさしく押してあげよう。

一緒に進もう

対象年齢 5歳

操る

あそび方

隣を意識して合わせることで、協調性がはぐくまれるあそびです。

❶二人で並んで足をそろえ、グージャンプで進みます。

❷次に、ケンパーで進みます。

❸今度は、クマ歩きで進みます。

ここに注意！

先に前に出たり、遅れたりすることがあります。その場合は、先に進んだ子が遅れた子を待ち、歩調を合わせられるようにしましょう。

動きのポイント

お互いに隣の子を見て、動きを合わせて進むようにします。「せーの」「イチニ、イチニ」と言ったりして、お互いに声をかけ合うようにしましょう。

また、先生が鳴らした手拍子や太鼓の音に合わせて進むのもよいでしょう。

1 二人ならんで足をそろえよう。

3 今度はクマ歩きで進もう。相手の動きをよく見てね。

2 ケンパーでゴールまですすむよ。

非認知能力 かかわる力

足じゃんけんゲーム

対象年齢 5歳

あそび方

❶二人一組になって、足じゃんけんをします。
❷負けたら、勝った人の周りを、クマ歩きで回ります（勝ったほうがクマ歩きをするのでもよいでしょう）。

動きのポイント

じゃんけんをするときは、お互いで「せーの」や「最初はグー」と言って、コミュニケーションをとりながら行います。

ここに注意！

じゃんけんが、後出しや早出しにならないように注意するようにしましょう。

1 足じゃんけんをしよう。
「せーの！　じゃんけんパー」
「あたしは、グー」

2「あ～まけちゃった」
負けたらクマ歩きで１周しよう。

1 足じゃんけんをしよう。

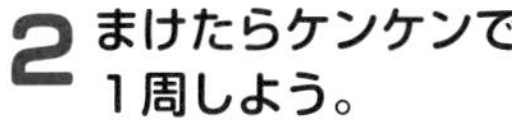

2 まけたらケンケンで1周しよう。

あそび方

❶二人一組になって、足じゃんけんをします。
❷負けたら、勝った人の周りを、ケンケンで回ります。
❸負けたら、勝った人の周りを、カニステップで回ります。
❹負けたら、勝った人の周りを、クモ歩きで回ります。
❺勝った人は足を開いてトンネルをつくり、負けた子はそのトンネルの中をくぐります。

3 今度はカニ歩きだよ。

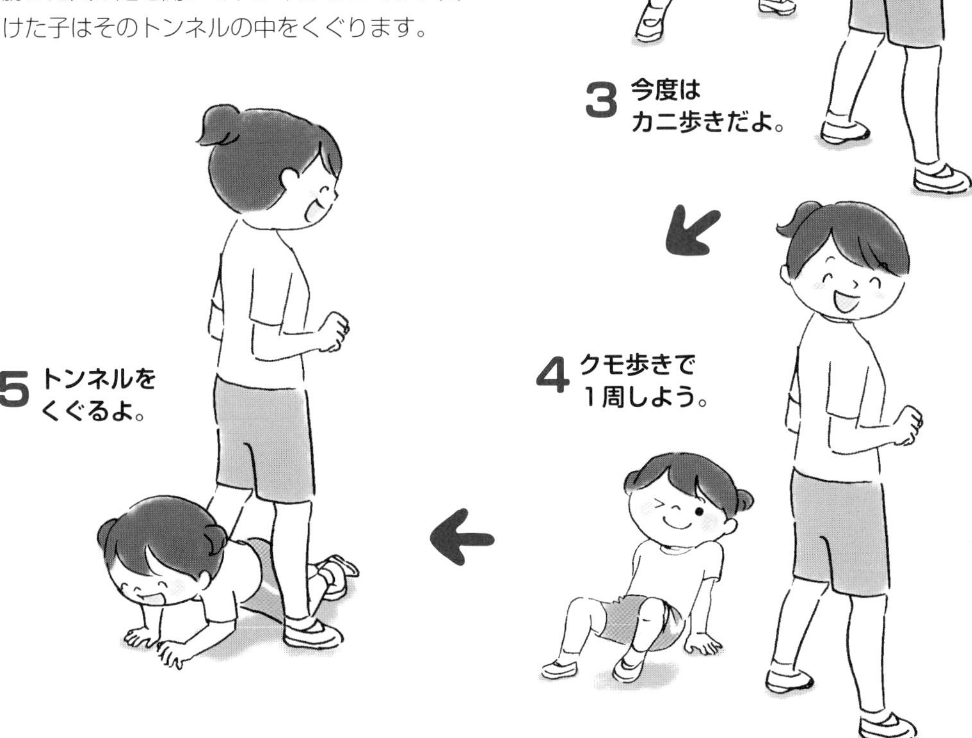

4 クモ歩きで1周しよう。

5 トンネルをくぐるよ。

非認知能力 かかわる力

ハイハイじゃんけん

アイテム マット　対象年齢 3歳

あそび方

じゃんけんで勝った数を競うあそびです。

❶２つのグループをつくります。
❷マットを数枚縦につなげます。
❸「ヨーイスタート」の合図で赤ちゃんハイハイで進みます。
❹出会ったらタッチして、じゃんけんします。
❺負けた子は元の位置に戻り、次の子がスタートします。

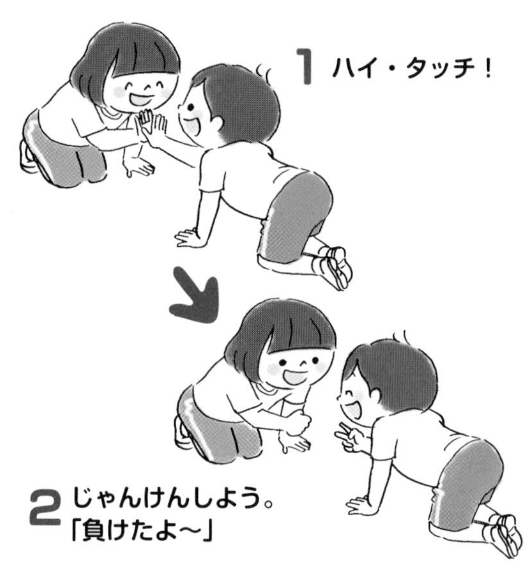

ここに注意！

ハイハイのときは前をしっかり見て、頭をぶつけないようにしましょう。

非認知能力 かかわる力

しっぽ取り鬼ごっこ

アイテム タオル　対象年齢 5歳

あそび方

タオルを使った鬼ごっこです。

❶タオルをズボンに挟んでしっぽをつくります。
❷お互いのしっぽをねらって取り合います。
❸しっぽを取られた子は、その場で５回ジャンプし、またしっぽを入れて鬼ごっこに参加します。

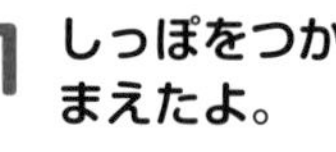

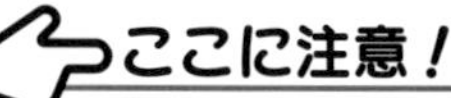

ここに注意！

少ない人数で、順番ごとに行いましょう。

非認知能力 かかわる力

ガラガラヘビにまけるな

跳ぶ

アイテム マット　対象年齢 4歳

あそび方

❶ヘビのように揺らした大縄を跳びこえます。
❷着地は片足で行います。

動きのポイント

ヘビの縄に当たらないように、縄の少し手前で跳ぶようにします。

ここに注意！

怖がる子には「蛇ではなくリボンだと思ってごらん」と言って、イメージを変えてあげましょう。

非認知能力 かかわる力

ボールの投げ上げあそび

投げる

アイテム マット／ボール　対象年齢 5歳

あそび方

「きらきら星」などの歌をみんなで歌いながら、ボールを投げ上げするあそびです。

歌を歌いながらボールを投げ上げ、キャッチする動きを繰り返します。

動きのポイント

元気に歌を歌いながらも、ボールに気を配れるようにします。

ここに注意！

お友達とぶつからないように、しっかり距離をとりましょう。

非認知能力 かかわる力

ころころボールつかみ

アイテム **ボール**　対象年齢 **4歳**

あそび方

❶先生が後ろから子どもの股を抜けるように転がします。
❷自分の前を転がっていったら素早く手で押さえます。

慣れてきたら、手で押さえるだけではなく、足の裏、おでこ、ひじ、お腹、お尻など、いろいろな箇所を使ってあそびましょう。

ここに注意！

ボールの上に乗らないように、気をつけましょう。

非認知能力 かかわる力

ボール送り競争

アイテム **ボール**　対象年齢 **4歳**

あそび方

❶6人くらいで列をつくります。
❷体を左右にひねりながら順にボールを送っていきます。
❸最後まで来たら、今度は来たほうに向かってボールを送り返します。その際、頭の上や足の間から送ったりしても楽しいでしょう。

動きのポイント

ボールを渡すときに、声をかけ合うなどして、お友達とのかかわりを意識しながら動くようにします。

トンネルつくってボールころがし

アイテム ボール　対象年齢 3歳

あそび方

❶二人一組になります。
❷真っすぐ引かれた線の上を、ボールを転がし合います。

動きのポイント

ボールを転がすときは、足の間のトンネルにボールを引き入れた反動で行うようにします。

ここに注意！

ボールを転がすときには、「いくよー」などと声をかけ合うようにします。

ボールバウンドパス

アイテム ボール　対象年齢 4歳

あそび方

❶頭の上から投げ下ろし、ワンバウンドさせてパスします。
❷次に、投げる人が後ろを向き、ジャンプした瞬間にボールを足の間でバウンドさせてパスします。

ここに注意！

バウンドパスは、二人組の中間あたりの床にバッテンなどをつけて、それを目印にバウンドさせるとよいでしょう。

非認知能力 かかわる力

足踏みボールわたし

アイテム **ボール**　対象年齢 **5歳**

あそび方

❶足踏みをしながら、ボールを下から投げ渡します。
❷慣れてきたら、ボールを受ける子は、受ける前に拍手をします。

動きのポイント

❶ボールを渡す人は、取る人が取りやすいように、ふわっとボールを渡しましょう。
❷ボールを受ける人は、胸の前に両手を上げて準備をしましょう。

足踏みしながらボールのわたしっこをしよう。

非認知能力 かかわる力

カニ歩きボールわたし

アイテム **ボール**　対象年齢 **5歳**

あそび方

❶二人組になって向かい合います。
❷下投げでボールを渡し合いながらカニ歩きで進みます。

動きのポイント

お互い横に進むことを考え、少しだけ進行方向にボールを出してあげるようにします。

ここに注意！

お友達の動きにしっかり合わせられるようにしましょう。

カニ歩きをしながらボールをわたしっこしよう。

非認知能力 かかわる力

後ろ向きボールころがし

アイテム **ボール**　対象年齢 **5歳**

あそび方

❶二人一組になります。
❷ボールをもっている子は後ろ向きになり、ボールを振り下ろして転がします。

動きのポイント

床にテープなどで線を引き、その上を転がるように、腕を真っすぐに出すようにします。

ここに注意！

転がす子は一度後ろを見て、お友達と真っすぐ立っているかを確認するようにしましょう。

1 ボールを持ち上げよう。

2 ボールがまっすぐにすすむようにころがそう。

非認知能力 かかわる力

ねじり体操

アイテム **ボール**　対象年齢 **5歳**

あそび方

❶二人一組で背中合わせになります。
❷足を肩幅以上に広げ、お互い反対方向に体をねじって両手でタッチします。
❸今度は、逆側にねじってタッチします。
❹慣れてきたら、ボールを使って行います。

動きのポイント

両足をしっかり固定し、できるだけ動かさないようにします。

1 お互いに体をひねって両手でタッチしよう。

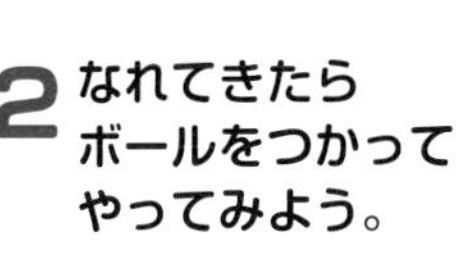

2 なれてきたらボールをつかってやってみよう。

非認知能力 かかわる力

トンネルタッチ体操

アイテム **ボール** 対象年齢 **5歳**

あそび方

❶二人一組で背中合わせになります。
❷肩幅より足を広げ、股の間（トンネル）に手を通して、両手でタッチします。
❸今度は、バンザイして頭の上でタッチします。
❹次は、ボールを持って、頭の上でタッチをします。
❺今度は、股の間にボールを通してタッチします。

動きのポイント

前後屈の姿勢でタッチし合うあそびで、柔軟性が高まります。

ここに注意！

「下からいこう」「上からいこう」など、声をかけ合いながら行うようにします。

1 トンネルを通して両手でタッチしよう。

2 今度はバンザイしてタッチしよう。

1 今度は頭の上でボールをわたすよ。

2 最後は、ボールをトンネルに通してわたそう。

行進とスキップ

アイテム マーカーコーン　対象年齢 5歳

あそび方

❶マーカーコーンなどで大きな円をつくります。
❷数人の子どもが円の中に入ります。
❸円の内側に沿って行進をします。
❹先生が笛を鳴らしたら二人組になります。
❺次に、円の外に出て円の周りを左回りにスキップします。
❺もう一度笛が鳴ったら円の中に入り、次の笛が鳴ったら違うお友達を探して二人組になっり、❹と同じようにスキップします。

あそびのポイント

❶お友達とペアになるときは、「一緒にやろう」「ペアになろう」などと、自分から声をかけるようにします。
❷3分程度の楽しい音楽をかけてあげると、リズムよく行進できます。

ここに注意！

お友達とぶつからないように周囲にも気を配るように伝えましょう。

1 円の内側を行進しよう。

2 笛が鳴ったら二人組になろう。

3 二人組になったら手をつないで円の外側をスキップしよう。

非認知能力 かかわる力

リズム・クマ歩き

アイテム マーカーコーン／タンバリン／太鼓　対象年齢 5歳

あそび方

❶マーカーコーンや線で大きな円をつくります。
❷お隣と間隔を空けてクマ歩きの体勢になります（4人程度)。
❸先生のタンバリンの合図に合わせて、円の外側でクマ歩きで進みます。

動きのポイント

タンバリンがゆっくり鳴らしているときは、「イチ・ニ」のリズム、速く鳴らしているときは「タタタッ」のリズムで進みます。

先生のタンバリンの音のはやさに合わせてクマ歩きをしよう。

非認知能力 かかわる力

即席玉入れ

アイテム お手玉／カラーコーン／マーカーコーン　対象年齢 4歳

あそび方

❶マーカーコーンなどを使って円をつくります。
❷円の中に先生が入り、カラーコーンをさかさまに持ちます。
❸子どもは円の中には入らずに、周りに落ちているお手玉をひろって投げ入れます。

動きのポイント

❶先生はカラーコーンを上下させたりして変化をつけましょう。
❷「今がチャンスだ」「はやく投げないと玉入れが上がっちゃうぞ」などと声をかけると子どもは喜びます。

お手玉を投げ入れよう。

ボールころころあてあそび

アイテム ボール／マーカーコーン　対象年齢 4歳

あそび方

❶マーカーコーンなどを使って円をつくります。
❷子どもたちは円の中に入ります。
❸2人の先生が円の中にボールを転がすので、そのボールに当たらないようによけます（円の外にも出ないようにします）。
❸ボールが当たった子は、円の外に出て3回ジャンプをしてからまた円の中に戻ります。

動きのポイント

ボールを転がす先生の動きをよく見るようにします。

慣れてきたら、先生と一緒にボールを転がす役をするようにします。

ここに注意！

円の中でお友達をぶつからないように周りを見て動くように伝えましょう。

1 ボールをころがすよ。

2 ボールがきたら上手によけよう。

ネコとネズミ

アイテム マット／お手玉　対象年齢 4歳

あそび方

ネズミ（子ども）が、怖いネコちゃん（先生）の妨害をかいくぐって、冷蔵庫（マット）の上にあるチーズ（お手玉）を手に取り、自分のお部屋（スタート地点）に集めるあそびです。

❶冷蔵庫の前には、怖いネコちゃんがいます。
❷ネズミは、ネコちゃんのすきをねらって冷蔵庫（マット）に向かいます。
❸チーズを手に取ったら、またネコちゃんの妨害をかいくぐって自分のお部屋（スタート地点）に戻ります。
❹ネコちゃんにタッチされたら、チーズを冷蔵庫に戻します。

あそびのポイント

❶ネズミが安全な場所は、自分たちのお部屋と冷蔵庫です。ネコちゃんは手出しできません。
❷ネコちゃん役の先生は、子どもたちを怖がらせない程度に邪魔をしつつ、よそ見をしたり、爪とぎをしたり、昼寝をしたフリをしたりして、子どもが通り抜けられるような隙をつくりましょう。

「しまったニャン」

「ネコちゃんを抜けたぞ！」
「もうすぐ冷蔵庫だ」

「まって～」

「チーズがとれたよ」

動きのポイント

猫ちゃんをよく観察して隙を見つけたら、一気にかけ抜けるようにします。

非認知能力 かかわる力

手つきうさぎ

アイテム **平均台**　対象年齢 **4歳**

操る

あそび方

❶平均台の上にまたがります。
❷両手を前につきながら前に進みます。

動きのポイント

両手を遠くについてから、その手に向かってお尻を浮かせてジャンプするようにしながら進むようにします。

ここに注意！

両手をつく動作とお尻をあげてジャンプする動作が一緒にならないように気をつけましょう。

非認知能力 かかわる力

じゃんけん平均台

アイテム 平均台　対象年齢 5歳

あそび方

❶平均台の前で先生とジャンケンします。
❷先生に勝ったら、平均台に乗り、両手を広げて真っすぐ進みます。
❸先生に負けたら、クマ歩きで進みます。
❹あいこだったら、カニ歩きで進みます。

あそびのポイント

自分で考えて、お約束の動きを行いましょう。

ここに注意！

こわがる子には先生が支えるなどのサポートをしましょう。

非認知能力 かかわる力

ハイハイ歩き

アイテム **平均台**　対象年齢 **4歳**

あそび方

❶平均台の上に乗ります。
❷先生と一緒に赤ちゃんのハイハイでバランスをとりながら進みます。
❸平均台の端まで来たら、いったん立ち上がってから降ります。

動きのポイント

落ちないように気をつけながら、しっかり前を向いて進むようにします。

ハイハイをしながら進もう。

非認知能力 かかわる力

平均台で横跳び

跳ぶ

アイテム **平均台**　対象年齢 **4歳**

あそび方

❶平均台の上を両手をつきます。
❷ついた手の反動でお尻を浮かせて、横跳びをします。
❸平均台から両手を離さずに着地します。

動きのポイント

平均台の上を両手で力強く押した反動で、おしりを浮かすようにします。

ここに注意！

両手のひじが曲がらないように気をつけましょう。

1 両手でしっかりつこう。

2 おしりを浮かせて横とびをしよう。

非認知能力 かかわる力

平均台でグージャンプ

アイテム 平均台　対象年齢 5歳

あそび方

❶平均台の上に乗ったら両足をしっかり閉じて、両手を後ろに引きます。
❷バランスを取りながらグージャンプをしながら進みます。先生と手をつなぎながらでもよいでしょう。

あそびのポイント

「細い道を通っていると思って進んでごらん」と声をかけます。

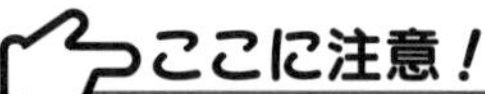

ここに注意！

慣れるまでゆっくり行いましょう。

非認知能力 かかわる力

平均台で補助つきケンケン

アイテム 平均台　対象年齢 4歳

あそび方

❶平均台の上に乗ります。
❷先生に補助をしてもらいながらケンケンで進みます。

あそびのポイント

一人で行いたいけど、勇気がでない子には「先生がひとさし指を貸してあげるよ」と声をかけましょう。

非認知能力 かかわる力

平均台で後ろ歩き

アイテム 平均台　対象年齢 5歳

歩く

あそび方

❶平均台の上で、片方ずつ交互に足を後ろに動かして進みます。
❷手をつなぐなどして先生が補助します。

あそびのポイント

「後ろは見えないけど頭の中でイメージして進んでごらん」と声をかけましょう。

ここに注意！

平均台の端まできたら、前向きになってから降りるようにしましょう。

非認知能力 かかわる力

平均台で爆弾歩き

アイテム 平均台／お手玉　対象年齢 5歳

歩く

あそび方

❶平均台の上に等間隔でお手玉（爆弾）を置きます。
❷両手を広げ、バランスを取りながら、爆弾をふまないように進みます。

あそびのポイント

「お手玉爆弾にふれたら、お家のおもちゃがひとつ爆発しちゃうぞ」などと声をかけるとよいでしょう。

動きのポイント

両手は肩より高く上げて「ピン」と伸ばし、バランスをとるようにします。

非認知能力 かかわる力

平均台でゴム段またぎ

アイテム 平均台／ゴム紐／S字フック／カラーコーン　対象年齢 5歳

あそび方

❶平均台の上にゴム段を用意します。
❷横に張ったゴム段に当たらないように、しっかり足をあげながら進みます。
❸平均台から両手を離さずに着地します。

あそびのポイント

「ゴムひもにはビリビリ電気が流れているから気をつけてね～」と声をかけましょう。

ここに注意！

両手は肩より高く上げて「ピン」と伸ばしてバランスをとりましょう。

非認知能力 かかわる力

平均台でドンじゃんけんポン

アイテム 平均台／ラダー　対象年齢 4歳

あそび方

平均台やラダーを使ってドンじゃんけんポンをするあそびです。
❶2グループに分かれ、平均台の上を進みます。
❷出会ったところで、ドンじゃんけんをします。

あそびのポイント

自分から「ドンじゃんけんポン」と言えるようにすると、ゲームが楽しくなります。

ここに注意！

平均台を進む際に、慌てて走らないように気をつけましょう。

ヘビとブドウ

走る

アイテム **輪投げの輪／お手玉／ロープ**　対象年齢 **4歳**

あそび方

❶輪投げの輪などをマットに置き、その内側にお手玉（ブドウ）を置きます。
❷大縄の先を縛ってヘビの頭に見立てます。
❸先生は大縄を回転させて、子どもがお手玉をとろうとするのを邪魔します。
❹子どもは、目の前でくるくる回るヘビに当たらないように近づき、お手玉をとります。

動きのポイント

ヘビが床につく瞬間に走り出せるようにタイミングを合わせます。

ここに注意！

怖がる子にはタイミングを促したり、一緒にくぐってあげるなどサポートしてあげましょう。

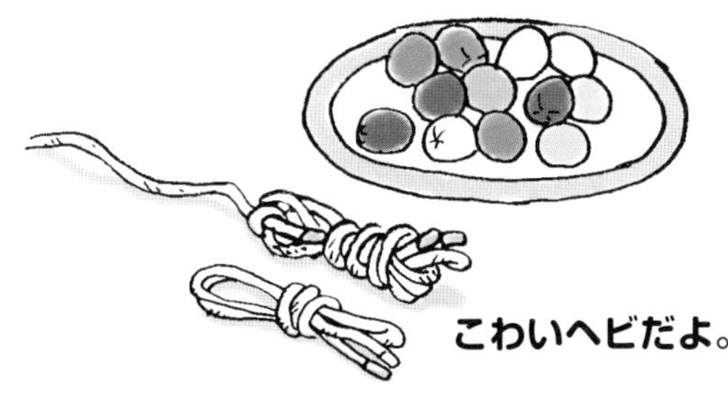

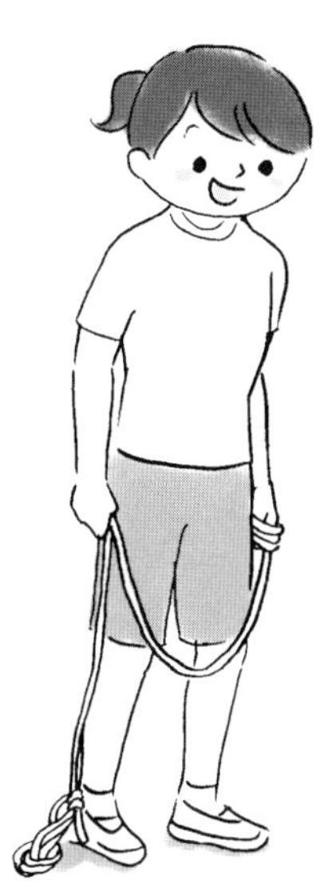

福井 秀明（ふくい・ひであき）

一般社団法人　小学校受験体操専門　自信を育む体操教室　代表理事

日本体育大学体育学部体育学科卒業。学生時代はアイススケート競技に青春のすべてを捧げ、社会人となり中学校の保健体育科の学校職員として学校教育に従事。その後、都内最大のテニススクール大正セントラルテニススクールの専属プロとして、テニススクールのチーフマネジャーに就任。同時にキッズ・ジュニア部門の育成リーダーとして数々のキッズ・ジュニアの選手の育成に従事。また、都内体操教室のマネージャー兼お受験体操教室責任者として、慶應義塾幼稚舎・慶應義塾横浜初等部・暁星小学校などの数々の難関小学校の合格者を多数輩出。さらに、名門幼稚園・小学校受験のパイオニア伸芽会にて受験総合体操クラスのメイン指導者を担当。

「一般社団法人小学校受験体操専門　自信を育む体操教室」を設立する（https://fukui-taiso.com/）。体操指導を通じて幼児期の「非認知能力」の育成に早くから注目し、独自の幼児体操指導メソッドを考案する。子どもの興味とやる気を引き出す魔法のレッスンは多くの支持者をもち、予約の取れない受験体操の専門家・指導者として、現在も現場第一線で活躍中。自身の教育理念は「すべての子どもたちの可能性を信じ、その可能性を最大限に伸ばすこと」である。

3～5歳児の
自信を育む運動遊び

2020（令和2）年7月31日　初版第1刷発行

著者　福井秀明
発行者　錦織圭之介
発行所　株式会社　東洋館出版社
〒113-0021　東京都文京区本駒込5-16-7
営業部　電話 03-3823-9206／FAX 03-3823-9208
編集部　電話 03-3823-9207／FAX 03-3823-9209
振替　00180-7-96823
URL　http://www.toyokan.co.jp
装　幀　中濱健治
印刷・製本　藤原印刷株式会社

ISBN978-4-491-04046-2 Printed in Japan